Novelas contemporáneas de América Latina desde el punto de vista de Jacques Lacan

LATIN AMERICA

Interdisciplinary Studies

Gladys M. Varona-Lacey
General Editor

Vol. 35

The Latin America series is part of Peter Lang Humanities list.
Every volume is peer reviewed and meets
the highest quality standards for content and production.

PETER LANG
New York • Bern • Berlin
Brussels • Vienna • Oxford • Warsaw

Euisuk Kim

Novelas contemporáneas de América Latina desde el punto de vista de Jacques Lacan

PETER LANG
New York • Bern • Berlin
Brussels • Vienna • Oxford • Warsaw

Library of Congress Cataloging-in-Publication Data

Names: Kim, Euisuk, author.
Title: Novelas contemporaneas de America Latina desde el punto de vista de Jacques Lacan / Euisuk Kim.
Description: New York: Peter Lang.
Series: Latin America: interdisciplinary studies; vol. 35 | ISSN 1524-7805
Includes bibliographical references.
Identifiers: LCCN 2017023264 | ISBN 978-1-4331-4082-2 (hardback: alk. paper)
ISBN 978-1-4331-4079-2 (epdf) | ISBN 978-1-4331-4080-8 (epub)
ISBN 978-1-4331-4081-5 (mobi)
Subjects: LCSH: Spanish American fiction—20th century—History and criticism. | Spanish American fiction—21st century—History and criticism. | Psychoanalysis and literature. | Lacan, Jacques, 1901–1981.
Classification: LCC PQ7082.N7 E97 | DDC 863/.60998—dc23
LC record available at https://lccn.loc.gov/2017023264
DOI 10.3726/b10804

Bibliographic information published by **Die Deutsche Nationalbibliothek.**
Die Deutsche Nationalbibliothek lists this publication in the "Deutsche Nationalbibliografie"; detailed bibliographic data are available on the Internet at http://dnb.d-nb.de/.

Índice

Introducción

El presente estudio investiga la relación del sujeto con el orden simbólico en las novelas latinoamericanas contemporáneas. Estoy particularmente interesado en analizar cómo presentan los escritores contemporáneos la manifestación de subjetividad en la imaginación novelesca, como manifestación de su interés en la sociedad y el mundo. Ante todo, estoy interesado en la forma que los escritores crean un personaje que se empeña en buscar su propia identidad aunque sabe ciertamente que el hacerlo lo llevará al fracaso o la caída total. A ello creo relevante la inclusión del sujeto latinoamericano como edificador de utopías que en el contexto político e ideológico se traduce a la búsqueda incesante por la "salvación" de un continente históricamente abatido por regímenes autoritarios, envilecidos por el poder, y en el mejor de los casos, por democracias encubiertas o transformistas. En otras palabras, su búsqueda es por un apoyo insustancial, en el cual depositar sus anhelos de libertad, justicia y equidad.

Existen muchos trabajos sobre la novela latinoamericana, casi todos diseñados para destacar las diferencias entre la literatura latinoamericana y la del resto del mundo. Por lo tanto, la mayoría de los estudios críticos analizan las novelas de acuerdo con la división por regiones o países, las generaciones, o los temas como la historia, la violencia, el costumbrismo, etc., con miras de dar una "identidad" de la novela latinoamericana. Sin embargo, estas categorías que servían como una guía a la literatura latinoamericana ahora no son apropiadas para comprenderla porque limitan el género dentro de un espacio geográficamente reducido. Este estudio, como se verá más adelante, pretende subsanar estas deficiencias a través de exponer los textos al psicoanálisis lacaniano distanciándose de las concepciones míticas manifestadas principalmente por el realismo mágico del siglo pasado. Sin embargo, el hecho que el marco teórico del libro sea el psicoanálisis no significa que las novelas se conviertan entonces en un mero herramienta para facilitar la comprensión de la teoría de Lacan. Al contrario, a través del psicoanálisis, en mi concepto, las novelas adquieren un acercamiento crítico distinto de las críticas existentes y ofrecen múltiples interpretaciones. La novela recrea y reescribe histórica y ficticiamente un mito nuevo de las utopías pero este mito nuevo se diferencia del mito de la generación anterior que buscaba una respuesta decisiva de una identidad cultural e inquietudes propias de América Latina. El psicoanálisis que utilizo aquí trata de indagar más bien la construcción del mito del individuo que se expresa a través de la resistencia de uno contra el otro abrumador, tirano e implacable o de la pérdida del sujeto en un laberinto que él mismo construye. En mi opinión estos reflejan las preocupaciones más íntimas de nuestra época y participan en diálogos de la sociedad contemporánea.

Lacan sostiene que partir de la concepción de que el psicoanálisis investiga y atiende las patologías humanas como si de cuadros médicos externos o de desajustes sociales y culturales se trataran, puede conducir al error de demarcar límites entre el yo y el otro de la psiquis; el primero, situándose en el lugar del analista, que pretende, mediante métodos elaborados, ahondar en el subconsciente del otro para llegar a un diagnóstico y un posterior tratamiento, como si de este dependiera su sanación o su debacle. El "otro", por su parte, se posiciona en el lugar del objeto de estudio, como ente pasivo, bajo la lupa del analista; lo que querría decir, que los problemas surgidos de este tipo de aproximación, radican en "descubrir" el mal del otro, mientras que el yo permanece exento de responsabilidades sobre sus propios padecimientos.

Lacan arguye que el psicoanálisis es una especie de un ejercicio de autoanálisis que permite que el individuo especule sobre sus propios problemas a partir de ejemplos transmitidos por otros. Desde este emplazamiento, se espera que el psicoanálisis facilite al yo, la tarea de despojarse de los enmascaramientos que ocultan su postura de analista privilegiado. Trasladada esta tesis al ámbito literario, se puede decir, que el efecto es el mismo, en el sentido que la aplicación del freudismo a la interpretación de obras literarias no resulte en algo equivalente a sesiones entre analista y paciente, ni procure proporcionar terapia alguna para curar anomalías o dolencias encontradas en los textos. Es así, cómo, mediante la percepción psicológica, el lector va atando cabos sobre la realidad presentada en el texto, al punto de relacionarla con su propia sustantividad, y entendiendo que no existe una realidad totalmente ajena y externa a él. Ello se traduce al principio de que el psicoanálisis no es la panacea que pretende ser, desde el punto de vista clásico, a las "disfunciones" humanas, ni a las de la sociedad que típicamente se presentan como una enfermedad que necesita curación.

Desde la plataforma propuesta, el papel del lector, al igual que el del analista, no es más que el de escuchar lo que le cuenta el paciente; y en el campo literario, dejar que sea el texto el que narre su propia historia. Pero es preciso aclarar, que a diferencia del paciente, el texto literario, no siendo un sujeto pensante, carece de capacidad de autoanálisis, y por lo tanto, es incapaz de descubrir por propia cuenta, los ocultamientos del deseo. De este conocimiento se deduce que el rol sustancial del analista, no es el de ayudar al paciente a construir su propia historia proporcionándole la falsa ilusión de orden y coherencia, como si existiera una respuesta cierta a todos sus problemas. Insertar el trauma que el paciente ha sufrido e intentado eliminar dentro del sistema de la memoria, no significa, por lo tanto, desembocar en el olvido de acontecimientos traumáticos. Tampoco es prudente pretender que los acontecimientos referidos nunca existieron, y proporcionar una "cura" basada en la aceptación del padecimiento como algo soportable. La principal función del psicoanálisis es, por el contrario, asistir a que el paciente viva con el sufrimiento, de modo que éste llegue a formar parte de su identidad, para, desde allí, aspirar a su recuperación. En este sentido, la literatura dedicada a reflexionar sobre un pasado doloroso, constituye una especie de terapia pública, puesto que siembra en las mayorías una conciencia de la que anteriormente carecían; además de que advierte al lector sobre la vigencia del pasado, que pervive en la memoria colectiva.

En virtud de que los conceptos fundamentales del psicoanálisis lacaniano se utlilizan en mi estudio, viene a mano una breve explicación de cómo entiendo la función del lector. Al aplicar el psicoanálisis a las obras literarias, el lector, cuya tendencia inicial es abordar al texto desde su posición de analista, sufra una transformación, en la que él asuma el rol de paciente mediante su identificación con el texto. Esto quiere decir, que en su peregrinaje por la lectura, el lector transita de ser analista a convertirse en su propio paciente. De manera más sucinta, vale expresar, que el paradero final del proceso psicoanalítico no es el de concientizar al sujeto sobre el origen del proceso patológico, ni hallar una suerte de equilibrio entre el yo y las normas de la sociedad, sino, más bien, de que el sujeto establezca un alejamiento de los elementos que contribuyen a su "anomalía"; esto es, renunciando a cualquier tipo de reconciliación con el ambiente negativo y hostil que lo circunda.

El capítulo 1 analiza esta discordancia mediante el recurso de dos novelas: *El amor en los tiempos del cólera* (1985) y *Memoria de mis putas tristes* (2004) de Gabriel García Márquez. En este capítulo, el concepto psicoanalítico del deseo está estrechamente ligado a la no-satisfacción; es decir, al absurdo del deseo de aquello que precisamente está fuera de nuestro alcance y, que en pos de mantenerlo vivo, es necesario impedir su realización. En este contrasentido, derivado de la relación entre el deseo y el amor quimérico, inciden otros conceptos psicoanalíticos que, dada su naturaleza destructiva, determinan, de forma mucho más radical, las pasiones que encadenan al individuo.

El capítulo 2 examina el movimiento desde el polo del deseo al de la pulsión, tomando como referencia la novela de Carlos Fuentes: *Diana o la cazadora solitaria* (1995). Aquí analizo el lado simbólico y real de la industria cinematográfica de Hollywood, que por un lado se proyecta al público como portadora de valores democráticos y humanísticos, mientras que por otro, ejecuta una persecución inmisericorde contra aquellos miembros de la industria considerados como sospechosos de insurgencia comunista. El mito y la realidad son examinados desde la perspectiva lacaniana del superyó, representado por un "goce licencioso", ilegal en su base perversa, que debe transgredir la Ley pública para asegurar el supuesto "orden" ostentado por Hollywood.

El capítulo 3 trata sobre la arbitrariedad de la historia tal como lo exhiben las novelas: *En este lugar sagrado* (1977) de Poli Délano y *Amuleto* (1999) de Roberto Bolaño. En ambos textos, subyace el encierro solitario de los narradores en un baño público, punto desde el cual, reconstruyen su historia personal y colectiva, en un contexto de violencia histórica y de culpabilidad por no formar parte del caos sufrido por las demás víctimas. Este anhelo de revisar el pasado de manera distinta, y por la vía de reconstruir un pretérito propio, debe ser identificado como el objeto del deseo, especialmente por considerarse el olvido, como el cierre a toda posibilidad de salvación.

Los capítulos 4 y 5 ejemplifican los efectos nefastos de una ideología extremista y de fanatismo religioso, mediante la exploración de la violencia en las novelas: *La voluntad y la fortuna* (2008) de Carlos Fuentes y *La guerra del fin del mundo* (1981) de Mario Vargas Llosa. Estos capítulos analizan la monstruosidad del otro, ya que en ambas novelas, los más marginados e ignorados, son quienes arman las rebeliones contra la autoridad. Para este análisis, tomamos en cuenta que sus insurgencias no buscan soluciones ni tienen objetivos concretos, excepto por algunas demandas de poca trascendencia. Lo que sí figura como móvil de sus levantamientos es la visibilidad, elemento contrario a su realidad como seres imperceptibles y olvidados.

Los capítulos siguientes, el 6 y el 7, basan su contenido en la época de la dictadura militar en el cono sur de América Latina. El capítulo 6 analiza dos novelas de la escritora argentina Luisa Valenzuela: *Cambio de armas* (1982) y *Realidad nacional desde la cama* (1990), desde una aproximación a la violencia como instrumento de manipulación mental por parte de la dictadura militar. A pesar de que la memoria es la temática de ambas novelas, ellas difieren de apreciaciones generales al señalar que la recuperación de la memoria perdida no es la única manera de resistencia ante los abusos contra los derechos humanos. Este capítulo sugiere que la verdadera memoria se consigue tomando conciencia de la imposibilidad de recuperar la memoria por completo. Rescatar la memoria perdida, es una tarea casi utópica si tomamos en cuenta la imposibilidad de toda versión de transmitir satisfactoriamente y en toda su magnitud las experiencias vividas. La creación literaria, ofrece, en este respecto, una inagotable fuente de expresión en circunstancias en que el trauma/la historia requiere manifestarse de manera reiterativa.

El capítulo 7 aborda el mito del padre primordial propuesto por Freud, haciendo hincapié en el delito de parricidio, y utilizando como recurso, la novela *La fiesta del chivo* (2005) de Mario Vargas Llosa. En ella, Llosa hurga en la vida del dictador Trujillo de la República Dominicana, y lo presenta como un ser común y corriente que pelea contra sus propios complejos, mostrando una fachada de padre/salvador de todos, aunque interiormente se trate de un hombre solitario e inseguro. En la novela, la protagonista se enfrenta a su propio padre, un funcionario público al servicio de Trujillo, quien para conservar su estatus ante el dictador, le entrega a su hija como una de las tantas mujeres sometidas a sus perversiones sexuales. La interrogación de saber por qué a su padre no le importó ofrendar hasta a su hija para mantener su puesto en el gobierno, anuncia un despertar, una urgencia de comprensión que la hija viene arrastrando desde el momento que se vio obligada a salir de su país. El mito del padre primordial, propuesto por Freud, abarca en esta novela, el abuso del poder, no solo del dictador, sino del patriarcado representado por la horda primitiva y los hijos desplazados por el padre para eliminar la competencia sobre las mujeres. La protagonista, al igual que los "insurrectos" al dictador, regresa, la primera para asesinar simbólicamente al padre, cuya traición la sigue torturando, y los segundos para conspirar contra Trujillo, el padre de las muchedumbres abatidas por su poder.

Ligado a la relación paterno-filial, el capítulo 8 se adentra en dos novelas de Antonio Skármeta: *El baile de la Victoria* (2003) y *Los días del arcoíris* (2010). Ambas narrativas, describen la transición política en Chile, precisamente a finales de la dictadura militar de Augusto Pinochet. En las novelas de Skármeta, se aprecia la manera en la que la nueva generación supera las heridas de los padres es por ello que ambas narrativas presentan una textura política solo en un primer nivel (cercano a la contingencia concreta), dado que su medida sustancial opera en otro plano: el de la denuncia del mundo inauténtico y sofocante de la dictadura que se opone a la alegría de la juventud configurada en base a un modo de vivir nada solemne. Dicha rebeldía se expresa en actos de posesión del mundo, pues solo de esta manera los jóvenes se reafirman como seres humanos; eso es, marcando una etapa superior a la conducta de los adultos, distanciándose de su visión caduca y arraigada en el pasado. De aquí los jóvenes personajes de Skármeta, reaniman un mundo con integridad y esperanza.

El libro finaliza con el capítulo 9, que abarca el análisis de dos tipos de utopías presentes en otra novela de Mario Vargas Llosa titulada, *El paraíso en la otra esquina* (2003). Las dos utopías están representadas por el pintor Paul Gauguin y su abuela Flora Tristán, quienes de un modo u otro sufren por las limitaciones impuestas por la sociedad donde se desenvuelven de manera precaria y calamitosa. Por un lado, está la postura de Paul Gauguin caracterizada por la evasividad del modo de vida europeo, de su moral y sus principios y por el anhelo de encontrar el lugar ideal donde volcar su potencial creativo alejado de todo vestigio de civilización. Flora Tristán por su parte, pensaba que el mundo anhelado se conseguía mediante constantes luchas contra la burguesía, los hombres y la nobleza.

Para concluir y como última nota, mi interés en las teorías psicoanalíticas durante los últimos años me empujó relacionar las novelas latinoamericanas con el psicoanálisis lacaniano, aunque no para pronosticar los problemas de otros, sino, al contrario, mis propias reacciones como lector frente a las obras, quien reflexiona y se preocupa de las problemáticas semejantes del presente. He tratado ubicar las novelas dentro del cosmopolitismo tratando de presentar una perspectiva de la literatura hispanoamericana, evitando hacer ninguna interpretación que se basa en lo tradicional y lo regional, del mito y la oralidad.

Finalmente, quiero agradecer a mi familia—mi esposa Youngsoon, Ernest y Rachel—por su paciencia y ayuda. Agradezco también a los estudiantes del seminario de CSUS quienes me han sido siempre mi apoyo académico.

Capítulo 1

El amor imposible en *El amor en los tiempos del cólera* y *Memoria de mis putas tristes* de Gabriel García Márquez

La muy debatida frase "La Mujer no existe" emitida por Jaques Lacan en su seminario *Encore* (1972–1973), ha sido objeto de críticas, principalmente por su connotación chauvinista; objetable si se la vislumbra desde este prisma analítico. Un análisis alternativo, apunta a inferir que La Mujer no existe en cuanto es un ente ficticio construido por el imaginario masculino, que además, ubica al hombre en un plano de agente del deseo, como elemento estabilizador de su posición en el sistema simbólico.

El axioma está regido por concepciones generales, vertidas sobre la mujer, provenientes de la sociedad y la cultura, además de temas debatibles sobre la identidad, el género y la sexualidad femenina, en contraposición a su contraparte masculina. De hecho, la realidad es que no existe un significante universal y absoluto que abarque a la mujer como tal. Lacan propone a este respecto, que siendo La Mujer una construcción ficticia, no posee un fundamento único, ni puede constituirse en referente comprensible. Por ello, estudiosos del tema como Zizek opinan que La Mujer sólo puede ser imaginada y articulada, reconociendo su "no" existencia y la imposibilidad de construir su imagen dentro del orden simbólico. El punto crucial, es que ella se define más por su ausencia que por su negación:

> En términos tradicionales, el Límite que define a la mujer no es epistemológico, sino ontológico, es decir, más allá no hay nada. Lo "femenino" es esta estructura del límite como tal, un límite que precede lo que puede o no existir en su Más Allá: todo lo que percibimos en este Más Allá (el eterno femenino, por ejemplo) son nuestras propias proyecciones fantasmáticas. La Mujer qua Enigma es un espectro generado por la superficie incoherente de las máscaras múltiples—el secreto del "Secreto" mismo es la incoherencia de la superficie". (*The Metastases of Enjoyment* 131)

Ello se corrobora en la correspondencia hombre-mujer, que antes que relación, oculta una suerte de distopia que desde el punto de vista lacaniano desemboca en una operación mental, en la que la mujer habita el objeto pequeño a (*objet petit a*) del imaginario masculino. El enamoramiento por tanto, gira en torno a particularidades o atributos, como la mirada, la voz, la gestualidad, etc., pretendiendo que dichos fragmentos representan, en sí mismos, una totalidad. Visto desde esta óptica, vale colegir, que aún dadas las condiciones más óptimas de funcionalidad en esta relación de género, La Mujer es, en el imaginario masculino, una proyección narcisista de sí mismo, en cuya idealización, se esconde el egocentrismo que lo caracteriza.

Dicha visión masculina, crea a su vez, los mismos obstáculos que le impiden su acceso a la mujer deseada, y curiosamente, es en torno a esa imposibilidad que funda su propio deseo. Así, en esta idealización del propio yo, el hombre falla en admitir que el origen de este bloqueo radica en sí mismo; razón que lo impulsa a buscar causas externas a dicha circunstancia. Podemos asumir, entonces, que la tesis "La Mujer no existe" excluye radicalmente la idea "chauvinista masculina" de que el hombre es el centro y fundamento de la mujer, en cuyo caso, la mujer existiría; de ahí que se sustrae al dominio masculino, precisamente en la medida en que no existe. Este razonamiento nos ayuda a desentrañar el porqué de la fijación que el hombre ejerce sobre la mujer como objeto de amor. El origen radica en la resistencia del hombre en aceptar como condición, el reconocimiento de su sexualidad. El amor, en este sentido, no es más que un intento falaz y cobarde por parte del hombre por contrarrestar la culpa que con respecto a la mujer ha generado. Zizek responde a esta cuestión, del dominio del hombre sobre la mujer, explicando que si fuera el caso de que el hombre se enamorara de una mujer y creyera ciertamente que La Mujer existe, ello demostraría que el hombre estaría negociando con su propio deseo, traicionando de este modo, su verdadera naturaleza:

> Es cierto que la imagen cortés del hombre sirviendo a su Dama es una apariencia que oculta la realidad de la dominación masculina; es cierto que el teatro masoquista es una *mise en scène* privada diseñada para recompensar la culpa contraída por la dominación social del hombre; es cierto que la elevación de la mujer a objeto amoroso sublime equivale a su rebajamiento a materia pasiva, o a pantalla para la proyección narcisista del ideal del yo masculino, etc. (*The Metastases of Enjoyment* 141)

Es en base a este planteamiento, que elaboraré un análisis de dos obras del escritor Gabriel García Márquez, *El amor en los tiempos del cólera* (1985) y *Memoria de mis putas tristes* (2004). Con ello espero poner en claro, que en ambos textos, se da una proyección narcisista, orquestada por voces masculinas, como modo de reproducir su propia fantasía, a pesar de la insistencia de cierta crítica, en afirmar que la exaltación de La Mujer como ente etéreo, es comparable a su destextualización. Por ende, el *modus operandi* que sostiene la representación de La Mujer, perpetúa la cadena del deseo asociado a su desplazamiento, como es el caso de estas dos novelas, donde el acto de sufrir por la mujer, constituye en realidad, un acto de realización del deseo. El montaje consiste entonces, en que el sujeto agraviado, debe sabotear la posibilidad de conseguir el objeto deseado, despojándolo de subjetividad, acto que paradójicamente anula toda posibilidad de unificación con el objeto en mención.

Veremos que en *El amor en los tiempos de cólera,* la temática gira en torno a la larga y persistente espera de Florentino por el amor no correspondido de Fermina. El eje central de la novela, es por tanto, el sufrimiento generado por el tiempo y la añoranza del protagonista por conseguir la unión ideal. Como modo de mitigar su flagelo, Florentino envía a Fermina, interminables cartas cargadas de nostalgia, que más bien dan la impresión de tratarse de otra historia; una fábula elaborada por el protagonista del amor frustrado, donde se representa a sí mismo como víctima del vacío amoroso. Así lo confirma el primer encuentro entre Florentino y Fermina en el que él la describe como una "doncella imposible" y una "bella adolescente de ojos almendrados" (*El amor en los tiempos del cólera* 81) y, aunque nunca tiene la oportunidad de hablar con ella, le va atribuyendo características sublimadas en base a su belleza física: "Poco a poco fue idealizándola, atribuyéndole virtudes improbables, sentimientos imaginarios, y al cabo de dos semanas ya no pensaba más que en ella" (82).

Dentro de este marco hipotético, se puede inferir, que mediante la ficcionalización de Fermina, Florentino establece, a lo largo de la novela, una continua dependencia del ideal de unión conyugal con ella, como si su destino dependiera de ello. De aquí que en el melodrama fabricado por sí mismo, las reglas de juego y los límites de la teatralidad, ya han sido previamente establecidos. Como ejemplo, tenemos que al inicio de su medio siglo de espera, Florentino se impone a sí mismo, votos de castidad, que en su imaginación le facilitarían su acceso al amor de Termina. Como prueba, resiste ante la tentación, cuando el caso se le presentara, como la ocasión en la que, ante la seducción de una prostituta, reacciona proclamando que "[s]e había mantenido virgen para Fermina Daza, y [que] no había fuerza ni razón en [el] mundo que pudiera torcerle el propósito" (111).

Sobre el tema de la privación sexual y el deseo de complementariedad de Florentino, Bernard Schulz-Cruz analiza que "la relación de Florentino con la mujer corresponde a la recuperación del elemento femenino a través del cual el escritor se acerca al ser andrógino, resume en sí a toda la humanidad" (31). Interpretado el comportamiento de Florentino de este modo, notamos que su deseo trasciende la exclusividad de Fermina, al abarcar a un todo genérico que es el deseo dirigido a todas las mujeres, que, como veremos más adelante, se revela en la promiscuidad de Florentino.

Cabe señalar aquí, que el objetivo de la prohibición, no es puramente el de "elevar el precio" de Fermina, bloqueando, de este modo, el acceso a ella; sino, por el contrario, situarla en una esfera de inexistencia, en una especie de agujero negro, alrededor del cual, organizar el deseo. Esto, a pesar de que dicha prohibición constituye una de las condiciones fundamentales para la prolongación de la fantasía. Es por esta razón que el punto fundamental a considerarse, no es el tema de la mujer distante, sino la manera en que Florentino despliega su propia historia en torno a ella.

> […] tenía la convicción cierta de que su infierno privado de más de medio siglo le deparaba todavía muchas pruebas mortales que él estaba dispuesto a afrontar con más ardor y más dolor y más amor que todas las anteriores, porque serían las últimas. (397)

Expresado de otra manera lo expuesto anteriormente, vale equiparar la contradicción del paradigma de la mujer inalcanzable con la paradoja del desvío, que deja entrever que lo que el hombre verdaderamente anhela de la mujer, es perpetuar el sufrimiento, dilatándolo y haciendo de la espera su instrumento de autocastigo. Esto significa que para intensificar el deseo mediante la constante evocación del amor no correspondido, inscrito en las cartas de amor, Florentino debe primero asumir la condición de muerte simbólica de Fermina. Cabe destacar, no obstante, que dichas misivas constituyen operaciones discursivas dirigidas a sí mismo: "sin piedad para consigo mismo, envenenándose letra por letra […] sus cartas iban haciéndose más extensas y lunáticas cuando más se esforzaba por imitar a sus poetas preferidos" (108). Por eso vemos que, a medida que las barreras se vuelven insondables, Florentino exhibe con mayor intensidad su desolación. Así, cuando se entera del irremediable hecho de la boda de Fermina, su comportamiento y discurso delatan los rasgos del típico personaje de novela romántica, para quien la imposibilidad del amor es requisito previo para representar su sufrimiento y melancolía: "no hubo poder capaz de levantarlo de su postración […] había perdido el habla y el apetito y se pasaba las noches en claro llorando sin sosiego" (189).

A este conjunto de condicionamientos, debemos añadir el elemento de marginalidad social de Florentino, que a diferencia del Dr. Juvenal Urbino, quien ostenta un rango aristocrático, de profesional de alto nivel, apegado a los valores católicos, además de carismático con las mujeres, Florentino "es hijo natural de hija natural" que tuvo que atravesar por incontables obstáculos para obtener un sitial digno en la sociedad, y por tanto, es consciente de la brecha existente entre su sórdida realidad y el ideal, representado por Fermina. Ello explica, de cierto modo, que sus largas horas dedicadas a la lectura de novelas románticas, y, que su repaso por las instancias más sombrías de su vida, constituyen, a la sazón, su modo de escapar a la realidad humilde. Esto es, que en su afán por evadir los aspectos deplorables de su existencia, se opera en él una transferencia del ideal frustrado a otro concreto, que es a la mujer idealizada. Por ello, se puede decir, que Florentino ya se ha realizado en Fermina en su objeto de amor.

Este modo de elevar a Fermina a un nivel de exclusividad amorosa, como observaremos, delata una doble estandarización de la mujer por parte de Florentino: por una parte están las mujeres accesibles, cuyo trato dista mucho de ser romántico; mientras que a las mujeres marcadas por la prohibición, como es el caso de Fermina, consagra su máxima inspiración poética. Se puede advertir, sin embargo, que a pesar del trauma generado por el drama del amor inalcanzable de Fermina, Florentino experimenta una suerte de placer en su sufrimiento, y en su anhelo por encontrar nuevas formas de inspiración, expande su ejercicio de escritura hacia otros recipientes, aunque siempre reservando lo mejor para Fermina. Dentro de este contexto Schulz-Cruz agrega también que los personajes femeninos "hacen que las palabras se continúen en el catálogo, de la misma manera que Fermina hace que su enamorado escriba durante toda su vida" (26). Así lo ilustra este pasaje, en el que Florentino lucha contra el agotamiento inspiracional:

> Intentó desde el principio un método distinto de seducción, sin ninguna referencia a los amores del pasado, ni al pasado simple: borrón y cuenta nueva… entonces la envolvió en un estilo patriarcal, de memorias de viejo, para que no se le notara demasiado que en realidad era un documento de amor…todo tenía que ser diferente para suscitar nuevas curiosidades, nuevas intrigas, nuevas esperanzas, en una mujer que ya había vivido a plenitud, una vida completa. (399–400)

Empero, el exagerado afán de Florentino por aparecer como el amante real e infalible, demuestra su carácter objetable, si tomamos en cuenta la naturaleza de su trato con otras mujeres. Curiosamente, vemos como las mujeres, con quienes Florentino mantiene relaciones sexuales, y, que al final, terminan enamorándose de él, son eventualmente castigadas por la sociedad. Tal es el caso de la mujer casada, cuyo esposo, una vez enterado, la escarmienta, de manera humillante, sentándose sobre su garganta. El incidente de América Vicuña, la niña de catorce años que, estando bajo la tutela de Florentino, se suicida posterior a su abandono, ilustra claramente el tema de la prohibición como prerrequisito al proceso de idealización. No así, el caso de América Vicuña, donde la principal preocupación de Florentino es el de si ha dejado o no alguna pista que pudiese comprometerlo en el escabroso incidente. Lo cierto es que en ninguno de los casos, Florentino asume responsabilidad por los desenlaces fatídicos, fruto de un sentido ambiguo sobre la mujer, y que de ser objeto de placer libidinoso, adquiere la dimensión de mero objeto sexual. Contrariamente, en su relación apócrifa con Fermina, Florentino es sujeto de su propia ficción, un personaje inventado para su propia lectura, con la capacidad para entrar y salir de su artificio a conveniencia. La subjetividad de Florentino, por tanto, fluctúa entre dos distintas plataformas; una, en la que procede dentro de los parámetros literarios, en los cuales, la mujer se muestra inaccesible; y otra, fuera de los linderos literarios, en que la mujer está próxima y es asequible.

Curiosamente, Fermina cambia de actitud hacia Florentino a partir de la muerte de su esposo, ya que no sólo lee las cartas de amor, sino que se percata de que "había encontrado en ellas serios motivos de reflexión para seguir viviendo" (407). Pero, quizás el móvil primordial para este cambio es la ola de descréditos difundidos por un periódico local, en el que el padre de Fermina es blanco de difamaciones y su difunto esposo, objeto de murmuraciones que lo involucran en actos de infidelidad. Con suficientes motivos para escapar, Fermina accede embarcarse en un crucero con Florentino, donde viven una especie de luna de miel, en la que materializan el amor por primera vez, pero que contrario a sus expectativas, encuentran solo el desengaño:

> No se sentían ya como novios recientes...y menos como amantes tardíos. Era como si se hubieran saltado el arduo calvario de la vida conyugal, y hubieran ido sin más vueltas al grano del amor. Transcurrían en silencio como dos viejos esposos escaldados por la vida, más allá de las trampas de la pasión, más

allá de las burlas brutales de las ilusiones y los espejismos de los desengaños: más allá del amor. Pues habían vivido juntos lo bastante para darse cuenta de que el amor era el amor en cualquier tiempo y en cualquier parte, pero tanto más denso cuanto más cerca de la muerte. (469–470)

Ciertamente, llegada a este punto, la relación entre Florentino y Fermina se transforma en una inversión de la economía libidinal, en la que el ideal de Florentino se presenta en su versión opuesta (la relación física es fría e impotente), a pesar de haber esperado pacientemente toda una vida para su realización, mientras tanto, su existencia transcurría entre relaciones desechables con mujeres a quienes nunca había visto con ojos expectantes. Todo ello, a pesar de que los protagonistas prefieren creer que su amor es infalible, a tal punto que "les bastaba con la dicha simple de estar juntos" (464). No obstante, vale aclarar, que esa actitud de sobrevaloración de la relación entre Florentino y Fermina, obedece a la necesidad del amante de prolongar la cadena de obstáculos para desviarse del enajenamiento producido por el "encuentro" fallido. Y aunque, en verdad, tanto Florentino como Fermina huyen de los chismes y habladurías de la gente, el crucero, cumple la función de salvavidas del enamoramiento eterno; y el cólera, el pretexto oportuno, para seguir persiguiendo una quimera. Por eso, al final, Florentino le pide al capitán, ondee la bandera amarilla, señal de que el barco es portador del cólera, razón suficiente para seguir navegando en el río por "toda la vida" (335).

Como síntesis de nuestro análisis, podemos proferir que los obstáculos que impiden a Florentino alcanzar su objetivo, son precisa y paradójicamente las condiciones que le conducen a él. Lo fundamental radica entonces, no simplemente en la labor del sujeto de obstaculizar las vías de acceso al objeto de su interés para realzar su valor. Los obstáculos externos que contrarían nuestro acceso al objeto, están allí precisamente para crear la ilusión de que, sin ellos, el objeto sería directamente accesible; o sea, que lo que esos obstáculos ocultan, es en realidad, la imposibilidad intrínseca de alcanzar el objeto. Por consiguiente, el único medio de alcanzar a la Dama-Objeto en el amor cortés es de manera indirecta, por caminos alternos, ya que proceder directamente, garantiza no dar nunca en el blanco. Esto es lo que Lacan piensa cuando, a propósito del amor cortés, evoca el significado que debemos atribuirle a la negociación del desvío en la economía psíquica:

> El rodeo, en el psiquismo, no está hecho siempre únicamente para reglar el paso que reúne lo que se organiza en el dominio del principio del placer con lo que se propone como estructura de la realidad. También hay rodeos y obstáculos que se organizan para hacer aparecer como tal el dominio de la vacuola. Se trata de proyectar como tal cierta transgresión del deseo. Aquí entra en juego la función ética del erotismo. El freudismo, en suma no es más que la perpetúa alusión a la fecundidad del erotismo en la ética, pero no la formula como tal. Las técnicas en juego en el amor cortés—son lo bastante precisas como para permitirnos entrever lo que, dado el caso, podría ocurrir de hecho en lo que respecta al orden sexual en sentido estricto, en la inspiración de este erotismo—son técnicas de la circunspección, de la suspensión del *amor interruptus*. (*The Ethics of Psychoanalysis* 152)

Con ello, Lacan propone, que la fantasía debe construirse en torno a la Dama carente de sustancia concreta y que mediante este camino indirecto, el hombre puede conseguir el objeto deseado, aunque transformado por su propia perspectiva. Lo mismo sucede en *Memoria de mis putas tristes*, donde el protagonista debe desviar el deseo precisamente para llegar a él. Veremos en esta novela, que una vida de mediocridad, marginalidad social y anhelo de juventud, juegan un papel primordial en la idealización del amor.

El "sabio triste", como se apoda el protagonista de esta novela, un hombre soltero a su edad, empieza con el deseo de celebrar sus noventa añoscon una adolescente virgen, y a pesar de que, a lo largo de su vida ha frecuentado muchas prostitutas, reniega de que: "las putas no [le] dejaron tiempo para ser casado" (*Memoria* 42), y de nunca haber experimentado el verdadero amor. En otra de sus querellas, aduce que solo en una ocasión no había tenido que pagar por una relación, la misma que la había sostenido con una muchacha de servicio que trabajaba en su casa. Esta vez, el nonagenario espera "honorar su aniversario con una libertina" (15), luego de veinte años desde su última visita al burdel que frecuentaba. Pero una vez junto a la joven adolecente, el casi centenario no llega a consumir la unión con la muchacha, a quien, en lugar de ello, contempla con nostalgia mientras yace desnuda y dormida. Pasada la noche y sin haber concretado el amor sexual, el viejo determina que súbitamente, la niña era "dueña absoluta de su virginidad" (33) y que su experiencia con ella le había proporcionado un "sentimiento de liberación que no había conocido" (47). A este respecto, Francisca González Flores interpreta que el silencio del viejo frente a la muchacha es una suerte de "ejercicio de rememoración de un pasado ya lejano ante la proximidad "lógica de la muerte" (337), lo que puede interpretarse como la búsqueda del amor nunca conocido, en relación a un pasado de encuentros puramente carnales. Por otro lado, el análisis de Julio Ortega sobre el acto del viejo es "instaurar en el centro de la sexualidad perversa el discurso neo-platónico del amor que se mira como la imagen humana de lo eterno" (302). En todo caso, esto explica la actitud pasiva del viejo, quien en lugar de consumar el acto sexual con la chica, se abstiene de hacerlo, no por falta de deseo, sino porque en sus planes ya estaba trazado que no lo haría. Su afán era en realidad, escribir una nueva versión de su pasado antes de morir, donde se inscribiera el amor romántico como protagonista. La seguridad del viejo en afirmar estar profundamente enamorado de la joven, a pesar de nunca haberla conocido, conlleva a interpretar su actitud como un paso previo y necesario para el proceso de idealización de la mujer, en este caso Delgadina, quien a propósito, es nominada así por el viejo.

De la misma manera que en *El amor en los tiempos de cólera*, donde el estatus social de Florentino juega un rol preponderante, que determina el carácter y la personalidad de Florentino como individuo de baja autoestima, en *Memoria de mis putas tristes*, se ve algo similar, pues el viejo se autocalifica como "feo, tímido y anacrónico" (10). Esto lo corrobora el crítico Julio Ortega, quien lo describe como: "mal escritor y peor profesor, último espécimen de su clase y de su estilo, solo en su casona arruinada, convertido en una reliquia cuyas crónicas cultivan la nostalgia de los lectores por un mundo desaparecido" (303). Coinciden los personajes de ambas novelas, Florentino y el viejo, en mantener un sentimiento de apocamiento con respecto a la madre. En el caso de la madre de Florentino, Tránsito Ariza, se conoce que ha sido discriminada por su condición de indígena y que durante su vejez, Florentino tuvo que lidiar con su demencia senil, que a más de hacerla olvidar su propia identidad, perjudicaba a la familia con los efectos de su estado mental; como cuando regalaba objetos valiosos de la familia a los niños de los vecinos que luego de su muerte, tuvo que recuperar. El peso de la sociedad y el estigma de la enfermedad, adquieren en la situación de la madre de Florentino, mayor relevancia que todo el sacrificio realizado por ella en bien de su hijo, a tal punto de convertirse en su vergüenza al final de su vida. Por otro lado, la madre del viejo sabio que muere siendo aún joven, es también sujeta al escrutinio de la sociedad y de su hijo, provocando en él, sentimientos mixtos, que por un lado revierten en halagos al describirla como "la mujer más hermosa y de mejor talento que nunca hubo en la ciudad" (10), y por otro, se manifiestan como desencanto, como cuando se entera de la falsedad de las joyas con las que se adornaba. De aquí que el complejo de los protagonistas es conducente a la compensación por un pasado de carencias materiales y afectivas, restaurándolo con el ideal del amor casto reminiscente del primer amor.

Pero si bien ambas novelas retratan la vida de los protagonistas como individuos privados de un amor imaginado en términos de perfección y perdurabilidad, cada uno lo hace en base a su propia condición: Florentino, desde su tiempo de vejez, en la eterna espera por el amor no correspondido que simbólicamente lo obtiene en el crucero por el río como si estuviera buscando su propio tiempo. El cuerpo de la muchacha pasivamente expuesto, en *Memoria de mis putas tristes*, es por otra parte, el medio que le concede al viejo la oportunidad de recuperar el tiempo perdido en relaciones puramente sexuales, sin amor.

En su afán de recuperación, el protagonista de *Memoria de mis putas tristes*, procura transformar su pasado de frustración en un presente apetecible, cuidando que los elementos que lo determinen, aparezcan como parte integral de su identidad. Para lograrlo, el amante ejecuta rituales que no solamente elevan al objeto de su amor al nivel de lo imposible, sino que, en este trayecto, lo ubica a la altura del ideal del "yo". Esto equivale a decir, que el efecto de la transformación va dirigido hacia sí mismo. Así, la actitud contemplativa del viejo para con Delganida, que a su lado, no hace más que cantar "en susurros la canción de Delgadina" (58), poner boleros de moda, o leerle historietas como *El Principito* de Saint-Exupéry, son intentos de reinventar su propio yo bajo formas deseables. En cuanto a los esfuerzos del viejo, lo fascinante es precisamente su propia mirada, que, en condiciones de decadencia, debido a su avanzada edad, es aún capaz de enamorarse como un adolecente. El presente, es por tanto, visto desde la plataforma del pasado; por lo que en lugar de trasponer un fragmento del pasado a un presente mítico e intemporal, vemos al presente como si formara parte de un pasado nostálgico. Es así como el objeto real de deslumbramiento, no es la escena exhibida, sino la mirada de su mirada ingenua—puesto que en este escenario, quien ve, se observa a sí mismo mirando. En su análisis, Francisca González Flores señala, con respecto a la transformación de Delgadina, que la fantasía elaborada por el sabio triste, ejerce un efecto de moldeamiento de atributos provenientes del objeto para ser integrados en el espacio de la idealización:

> Así, la muchacha será nombrada, educada y expuesta al arte sublime (literario, musical, pictórico) y a la más básica alfabetización (se la enseñará a leer y a escribir), y entrará en contacto con el concepto (ya presente en el epígrafe) del "buen gusto" (en el adorno de su cuerpo y de su habitación—punto culminante en el proceso de domesticación). En fin, el viejo sabio interpretará perfectamente su papel de Pigmalión para conseguir su compañera ideal, habitante de su pasado y participe de su futuro. (341)

Pero una vez idealizado el objeto de inspiración, este llega a ocupar un sitial casi sagrado, en el sentido que no puede nunca entrar en la región de la realidad, sin causar la conmoción propia de quien se enfrenta al horror. El caso palpable, durante su reencuentro con Delgadina, que, con el paso del tiempo parece haber pedido el aspecto de niña, provoca en el anciano su rechazo total, y la indignación de ver quebrada su fantasía:

> Hice un esfuerzo sobrenatural para creerle, pero pudo más el amor que la razón. ¡Putas!le dije, atormentado por el fuego vivo que me abrasaba las entrañas. ¡Eso es lo que son ustedes!, grité: ¡Putas de mierda! No quiero saber nada más de ti, ni de ninguna otra guaricha en el mundo, y menos de ella. Le hice desde la puerta una señal de adiós para siempre. (*Memoria de mis putas tristes* 92)

La fantasía elaborada en torno a Delgadina, constituye el ejemplo perfecto del modo en que opera el espacio fantasioso, del que el amante huye o pospone cada vez que se aproxima su encuentro. Este modo de representación posicionado en el vacío, genera el ser indeterminado, sin forma fija, condición que produce una multiplicidad de manifestaciones de La Mujer.

> Desde entonces la tuve en la memoria con tal nitidez que hacía de ella lo que quería. Le cambiaba el color de los ojos según mi estado de ánimo: color de agua al despertar, color de almíbar cuando reía, color de lumbre cuando la contrariaba. La vestía para la edad y la condición que convenían a mis cambios de humor: novicia enamorada a los veinte años, puta de salón a los cuarenta, reina de Babilonia a los setenta, santa a los cien. Cantábamos duetos de amor de Puccini, boleros de Agustín Lara, tangos de Carlos Gardel, y comprobábamos una vez más que quienes no cantan no pueden imaginar siquiera lo que es la felicidad de cantar. Hoy sé que no fue una alucinación, sino un milagro más del primer amor de mi vida a los noventa años. (61–62)

La paradoja de este amor obsesivo radica en que pese a que el deseo formal apunta hacia la realización del amor ideal, el más grande temor del amante es ver realizado su deseo. Lo que verdaderamente espera y quiere de la mujer, es que se le presente un nuevo obstáculo para garantizar el bloqueo del deseo. Un ejemplo de este auto sabotaje ocurre durante la escena en que el sabio triste ve con total estremecimiento a Delgadina "vestida y despierta", camino a la fábrica. De ello se desprende que el viejo hace lo posible por no enfrentar la ruptura de su fantasía; como cuando sale abruptamente del local al ser interrogado por una de las operarias, sobre si no era el quien escribía las cartas de amor en el periódico. La evasión a toda costa de la correspondencia amorosa es entonces, otro de los aspectos que caracterizan el *modus operandi* del peregrinaje hacia el ideal del amor. El miedo a que Delgadina respondiera a la pasión de viejo, demuestra que el enamoramiento es susceptible de esta condición para seguir su curso y sobreviva indefinidamente. Zizek puntualiza sobre el tema, señalando que la condición para profundizar en el misterio del deseo, es no dirigir nuestro enfoque al amante o al asesino; siendo esclavos de su pasión y estando dispuestos a todo por él, sino, prestar atencióna la actitud del avaro frente a su cofre; o sea, al lugar secreto dentro del cual guarda y acumula sus posesiones:

> Si queremos profundizar en el misterio del deseo, no debemos centrarnos en el amante o en el asesino esclavizado por su pasión, dispuesto a aventurar cualquier cosa, todo, por ella, sino en la actitud del avaro ante su cofre, el lugar secreto en el que guarda y acumula sus posesiones. El misterio es, por supuesto, que en la figura del avaro ante su cofre, el exceso coincide con la falta, el poder con la impotencia, el acaparamiento ávido con la elevación del objeto a la condición de Cosa prohibida/ intocable que uno tiene que limitarse a observar, pero de la que nunca se puede gozar plenamente. (*Did Somebody Say Totalitarianism?* 42)

Los ceremoniales del sabio triste, explican cabalmente el hecho de que se muestre indiferente ante la perspectiva de mantener relaciones sexuales con Delgadina, pues el propósito de estar con ella, es el de poseerla sin tocarla para después guardarla, de la misma manera que el avaro almacena su riqueza. El cuerpo de Delgadina, por tanto, carece de materialidad e identidad propia, pues su función es la de servir de inspiración erótica, o la de artefacto plegable a los impulsos masturbadores del viejo. En resumidas cuentas, esta dimensión fálica nos permite definir, de manera precisa, la posesión sexual, cuya formulación específica no consiste en la actitud de explotar a la pareja como objeto sexual, sino, por el contrario, en la renuncia a dicho acto.

Del análisis de las dos novelas de Gabriel García Márquez se desprende que, conforme a la tesis lacaniana "La Mujer no existe", La Mujer existe sólo en conformidad con la idea que el hombre se forma de ella en su imaginación. El hombre, por su parte, consigue elevar a su amada a un nivel subliminal mediante la fantasía, mediante la cual, se refrenan las prohibiciones libidinosas y los sueños inalcanzables provenientes de la realidad. Destacable en esta actitud de escabullimiento del objeto perseguido, es la exaltación de la amante, que hace que los narradores se ubiquen en una posición de admiradores pasivos, procurando mantener cierta distancia de La Mujer, como modo de prolongar su búsqueda, a manera de evocación del amor no correspondido.

Vale entonces inferir que el hecho de que los hombres rehúsen encarar la coyuntura de que "La Mujer no existe", induce a interpretar otro axioma lacaniano: "No hay relación sexual", como una inversión de la idea común de la masturbación. Si la masturbación está relacionada con la actividad sexual con un ente imaginario, entonces el sexo real tiene la estructura de una masturbación con una persona de carne y hueso, como propone Zizek, ya que el goce no proviene de la pareja con quien el sujeto se relaciona sexualmente, sino de las fantasías secretas que él va elaborando durante el acto sexual. Todo ello implica, que a pesar del empeño de la crítica en destacar la libertad de la mujer en las relaciones sexuales, ésta no representa más que un esfuerzo fútil por encontrar lo esencial donde no existen más que sucesiones interminables de representaciones de un supuesto protagonismo.

Obras Citadas

Baaj, Robert Nana. "Return to the Past in García Márquez's *El amore en los tiempos del cólera.*" *Romance Notes* 53 (2013): 203–212. Impreso.

Copjec, Joan. "Sex and the Euthanasia of Reason" *Jacques Lacan: Critical Evaluations in Cultural Theory*. Vol. 4. New York: Routledge, 2003. Impreso.

García Márquez, Gabriel. *Memoria de mis putas tristes.* New York: Vintage Books, 2004. Impreso.

———. *El amor en los tiempos del cólera.* Bogotá: Oveja Negra, 1985. Impreso.

González Flores, Francisca. "Gabriel García Márquez y Yasunrai Kawabata: el bel vivir y el bel morir, comenta a propósito de *Memoria de mis putas tristes.*" *Revista de Crítica Literaria Latinoamérica* 34–67 (2008): 335–345. Impreso.

Granados, Esperanza. "*Memoria de mis putas tristes* y el poder liberador de su sueño." *Revista Iberoamericana* 74 (2008): 703–709. Impreso.

Lacan, Jacques. *The Seminar of Jacques Lacan: On Feminine Sexuality, the Limits of Love and Knowledge (Encore).* Vol. 20. New York: Norton, 1999. Impreso.

———. *The Ethics of Psychoanalysis.* New York: Norton, 1977. Impreso.

Ortega, Julio. "Sexo y ficción en García Márquez." *Inti: Revista de Literatura Hispánica* 63–64 (2006): 301–304. Impreso.

Otis, Laura. "Signs of Life: Communication in *El amor en los tiempos del cólera.*" *Revista de Estudios Hispános* 34 (2000): 261–287. Impreso.

Schulz-Cruz, Bernard. "La vocación de la escritura en *El amor en los tiempos del cólera.*" *Inti: Revista de Literatura Hispánica* 31 (1990): 21–34. Impreso.

Zizek, Slavoj. *Did Somebody Say Totalitarianism?: Five Interventions in the (Mis)use of a Notion.* New York: Verso, 2001. Impreso.

———. *The Metastases of Enjoyment: Six Essays on Woman and Causality.* London and New York: Routledge, 1992. Impreso.

Capítulo 2

El mito, la máscara y la dualidad superyoica de Hollywood en *Diana o la cazadora solitaria* de Carlos Fuentes

Diana o la cazadora solitaria (1994), es una novela de Carlos Fuentes en la que la realidad y el mito conviven de manera casi imperceptible, y en la que el ser y el deber ser, marcan los límites del devenir de los personajes. No obstante, en la novela, esta disyuntiva alcanza niveles que van más allá del individuo.

Se puede especular sobre el carácter autobiográfico de la novela, en la que un escritor mexicano mantiene un romance bohemio, aunque tortuoso con una actriz del celuloide, Diana Soren, quien podría encarnar a la famosa actriz hollywoodense Jean Severg y a su amante, el mismo Carlos Fuentes. Este hecho, serviría para adentrarse de manera íntima en la relación, que curiosamente se abre a la crítica y menoscabo entre culturas, nacionalidades y personalidades. A este respecto, vemos cómo el autor alude a una época en particular, la de los sesenta y setenta, en la que el racismo, la guerra de Vietnam, la liberación sexual, el movimiento estudiantil del 68, y el macartismo, le servirán de referentes para elaborar una crítica audaz e irreverente a las actividades de espionaje de la FBI, en conjunción con la industria cinematográfica de Hollywood. Dichas organizaciones, a su vez, mediante el poder mediático, se revela en la novela, ponían en práctica su tan aborrecida y atroz "caza de brujas", bajo la cual, actores y actrices, eran perseguidos, difamados y expulsados de su círculo. Curiosamente, es conocido el hecho de que el mismo Carlos Fuentes, formó parte de la lista negra de la FBI.

La novela recuenta el nacimiento de la actriz como mito cinematógrafo, a partir de su primer papel interpretando a Juana de Arco; rol que Soren llegó a incorporar como parte de su personalidad, en su activismo político y como miembro de los Panteras Negras. Este es quizás la historia principal de la novela, en la que si bien Diana Soren encarna los ideales de toda una época rebelde y libertina, también ayuda a desenmascarar, en un plano simbólico, el orden democrático de bienestar y paz proyectado por Hollywood, y por extensión por el Estado norteamericano.

El análisis de este capítulo radica, entonces, en la intersección entre ese lado edénico ostentado por Hollywood en la producción de sus películas, y por otro lado, la política de persecución y represión contra miembros de este gremio, considerados como una amenaza para el mantenimiento de esta imagen, pura e idílica. En ese universo, la inocencia y el sueño americano constituyen el trasfondo de una proyección, que en términos lacanianos se conoce como la Ley pública, la misma que yace en el nivel simbólico de la representación, pero que se manifiesta de modo ambiguo. Para esta tarea, propongo partir del concepto del superyó del psicoanálisis como táctica sustitutiva a la ley pública cuando ésta ya no cumple su función y expectativas. El superyó lacaniano, entendido en este caso como recurso moralizante o prohibitivo del yo, que, según Slavoj Zizek, se apoya en un goce ilegal. El superyó puede entenderse, por lo tanto, como un nombre alternativo que se le da a este goce licencioso que no es algo aparte de la Ley pública, sino, su otra cara. Paradójicamente, esta ley obscena, aunque transgrede los límites de la Ley pública, funciona para reafirmar la cohesión del grupo, y para reafirmar la ley. Así lo señalan estudios hechos por Zizek, donde se demuestra que las transgresiones periódicas a la Ley pública, funcionan como condición para estabilizar el orden social.

> ¿De dónde viene esta escisión de la ley en Ley pública escrita y su reverso, el código "no escrito", secreto y obsceno? Del carácter incompleto, "no-toda", de

> la Ley pública: las normas explícitas, públicas, no bastan, y deben por tanto ser suplementadas por un código clandestino "no escrito", dirigido a aquellos que, aunque no violen ninguna norma pública, mantienen una especie de distancia interna y no se identifican verdaderamente con el "espíritu de la comunidad". (*The Metastases of Enjoyment* 54–55)

Esto significa, que aquello que identificamos como "orden" y "equilibrio", y que observamos en las películas de Hollywood, no equivale a esta ley, sino más bien, a la subscripción con una forma específica de transgresión a esa ley. Este fenómeno se aprecia en la novela de Fuentes, donde los miembros de la comunidad hollywoodense, comparten un mismo espacio de solidaridad, mediante la participación grupal en una transgresión.

Para el propósito de este análisis, tomaré como punto de referencia, el proceso de construcción del sujeto, que en la novela lo personifica Diana Soren, de quien se sirve el escritor para informar el carácter destructivo de la Ley pública, representada por las reglas de juego establecidas por la industria cinematográfica. En este trayecto, veremos a una Diana atrapada en el orden simbólico impuesto a ella por el cine, y por un lenguaje forjado desde su origen en un pueblo del medio oeste de los Estados Unidos. Fruto de una familia apegada al folklore y las costumbres familiares, Diana ve en la rutina un motivo para regresar a las cenas anuales de Día de Gracias y Navidad, donde recrea su infancia y adolescencia desde su condición presente como actriz famosa, y desde donde establece una distancia con este origen. Esto es lo que en el psicoanálisis lacaniano significaría el alejamiento o alienación que Diana vive como un goce perdido. De aquí que Diana se ubica siempre en la coyuntura entre el ser ideal y el ideal del ser. Todo ello la llevará eventualmente a sufrir un choque entre estas dos posibilidades, que la obligarán a constituirse en sujeto, el mismo que se construye con la separación dela fantasía.

El lenguaje, la Ley pública, los códigos oficiales de la cultura popular actúan en la novela como factor determinante en el control del comportamiento del yo; aquel que opera de manera consciente, y que en la novela es superado por la ley que incita a que los miembros de la comunidad de actores y actrices, sigan sus pautas, y no las de su consciente. Tal es el caso del actor Lew Cooper que en la novela encarna al famoso Gary Cooper, quien señala como una de las razones del porqué dio nombres al Comité de Actividades Antiamericanas de la Cámara de Representantes, el hecho de que sus compañeros no eran individuos merecedores de pertenecer al grupo, dando a entender que la "cacería de brujas" constituía un acto digno de ser llevado a cabo, dado que los individuos delatados eran supuestos conspiradores comunistas:

> —Nadie me merecía respeto. Ni los miembros del Comité ni los miembros del Partido Comunista. Ambos me parecían despreciables. Ambos traficaban con la mentira. ¿Por qué iba a sacrificarme yo por unos o por otros? ¿Por salvar mi honor? ¿Muriéndome de hambre? No fui un cínico, ni se lo imaginen ustedes. Sólo me comporté como todos ellos, los fascistas de izquierda que jamás levantaron un dedo por mí. Fui selectivo, eso sí. Jamás di el nombre de alguien débil., alguien que podía ser dañado. Fui selectivo. Sólo di los nombres de aquellos que, en Moscú, se hubieran comportado conmigo igual que éstos en Washington. Se merecían los unos a los otros. ¿Por qué iba a ser yo el chivo expiatorio de sus mutuas canalladas? (*Diana o la cazadora solitaria* 151–152)

Nos enteramos así, mediante las reflexiones de Lew Cooper, sobre el lado oscuro del "orden" promovido por los Estados Unidos y su liaison con el macartismo, que interpretaba la solidaridad, no como la participación conjunta de camaradería en la producción de películas, sino, como acto de defensa de los principios democráticos de Hollywood.

Paralelamente, con este análisis intento establecer un vínculo entre la transgresión y la formación post-traumática del sujeto, quien una vez terminada su relación con la fantasía creada en torno a su yo, debe reconstruirse como sujeto, dentro de este estado traumático. En este nivel de la ley pública, veremos, que el superyó ejerce su decreto en base al sacrificio de una figura, de un chivo expiatorio, mediante el cual, llega a justificar cualquier disfunción dentro de la comunidad, de tal suerte, que no importa si el acusado está o no realmente vinculado a las actividades subversivas de las que se lo acusa. Uno de sus miembros, Diana Soren o Jean Severg, como sabemos, renegó de manera directa a participar en esa sociedad, que se mantenía en pie, gracias a un proceso de difamación entre compañeros. En cambio, se dedicó a idealizar las causas revolucionarias, equiparando su condición de famosa con la capacidad de cambiar la sociedad con su sola intervención. Así lo sostiene el diálogo entre Carlos y Diana, que saca a la luz el estado de ostracismo al que estaba siendo sometida la actriz por parte del FBI, y ante lo cual, reacciona identificándose cada vez más con los ideales del personaje que fielmente trataba de representar para el cine -Santa Juana de Arco, la guerrera de Orleans-, a tal punto de personificarlo en la vida real:

> —Decidiste ser Santa Juana en la vida.
> Me miró inquisitivamente.
> —No. Decidí que Juana estaba loca y merecía morir en la hoguera.
> La interrogué, sorprendido.
> —Sí. Todo el que lucha por la justicia está loco. El cristianismo es una locura, la libertad, el socialismo, el fin del racismo y de la pobreza, todas son locuras. Si defiendes esto, estás loco, eres una bruja y acabarán quemándote… (79)

Paralelamente a este personaje histórico, que más allá de mujer, fue guerrera, posteriormente acusada de bruja y quemada en la hoguera, Diana asume un papel similar mediante su incursión en causas políticas, que la llevaron a vincularse con las Panteras Negras, y más aún, de modo sentimental, con un miembro de esa organización radical. En el ámbito lacaniano, ello se traduce a una transgresión por parte de Diana, a la Ley pública, ya que al involucrarse en este tipo de actividades, que más que ideología, es un poder de control que impide, a nivel psíquico, la apertura a un comportamiento primario. Debemos acotar a este respecto, que al representar Hollywood una ideología, constituye una fantasía social, un doblaje de semblanzas nunca verificables, sino, desde su propio referente; o sea, un referente vacío. Es así, que la Ley pública, en su rol de vigilante, observa el comportamiento de sus súbditos, para que en caso de salir fuera de su control, puede adoptar otras formas de restitución, muchas veces represivas, sin que ello aparezca como tal. Con respecto a la transgresión de la Ley pública, Zizek afirma que su función, a pesar de ser ilegal, debe ser camuflada:

> Dicho código aprueba un acto de transgresión que es ilegal, pero al mismo tiempo, pero al mismo tiempo reafirma la cohesión del grupo. Tiene que man-

> tenerse en las sombras de la noche, no reconocido, impronunciable; en público, todos fingen no saber nada acerca de él, o incluso niegan su existencia. [...] En oposición con la ley escrita, el código obsceno superyoico se transmite oralmente, aunque en secreto, por lugares ocultos. (*How to Read Lacan* 88)

En el caso de Diana Soren, la transgresión la lleva a un enfrentamiento secreto con la ley, representada por el superyó, cuyo castigo es la humillación pública, nunca de manera directa, sino como táctica moderna, pues el FBI confabula contra Diana, ya no al estilo medieval, por lo que en lugar de quemarla, la destruyen con la difamación. En otras palabras, el deseo (el sexo, los amoríos con revolucionarios, la soberbia de Diana al entrar en zona prohibida) es sancionado por el superyó (el goce ilícito como substituto de la Ley pública). Desde la perspectiva de Carlos, el personaje, descubrimos que Diana es poco a poco un ser dividido por el deseo de convertirse en un ser ideal a costa del deber ser, que es lo que exige el orden social:

> Me intrigaba conocer en Diana precisamente, la calidad interna de la crueldad, de la destrucción, en una mujer, lo sabíamos todos, tan solidaria, tan entregada a causas liberales, nobles, compasivas. Su nombre aparecía en todos los manifiestos contra el racismo, por los derechos civiles, contra la OAS y los generales fascistas de Argelia, por la protección de los animales... Hasta tenía una sudadera con la imagen del ícono supremo de los sesenta, el Che Guevara, convertido, con su muerte brutal en 1967, en Chic Guevara. (*Diana* 44)

Así, Diana Soren, representa en la novela, la heroína que luchó contra el racismo como modo de traspasar los límites que la condicionaban para alcanzar sus objetivos: prototipo de la joven blanca, rubia, sencilla, de familia puritana, la belleza típica de cualquier pueblo. Ante esta carencia de eventos relevantes, desde el punto de vista de una heroína, Diana construye una fantasía en torno a esta carencia, que la aleja cada vez más de su naturaleza real. Este abandono de la relación primigenia con el Otro impulsa a Diana a buscar relaciones furtivas, en gran medida destructivas, haciendo que estas fabricaciones fantasiosas se inscriban en otro nivel de simbolización que le permita sobrellevar el vacío. Pero este tipo de simbolización lleva a Diana a buscar constantemente a otra persona, al no poder encontrar satisfacción en su pareja, como es el caso de la convivencia de Diana con Carlos, que una vez agotado el encanto inicial, se torna en una experiencia anodina, similar a la relación gastada que tenía con su esposo, Iván Gravet.

El corte de este desplazamiento del deseo, sucede cuando el FBI publica en los periódicos un hecho poco comprobable, pero que a nivel público, ejerce un gran impacto en la reputación de Diana Soren. Tal así que luego del rompimiento de la relación con Carlos, Diana se encuentra con los rumores de un embarazo (suyo) de padre desconocido (pero implícito) de un bebé negro. Este factor moralizante, por parte del FBI llega en el momento en que la ficción simbolizada de Diana se agota en el sentido de poder sostenerla, considerando que no solo la relación con Carlos se había terminado, sino también aquella que mantenía con un miembro de los Panteras Negras y la que sostenía con el estudiante mexicano. En otras palabras, la fuente de deseo de Diana es aniquilada al ser percibido como factor amenazante a la ideología trazada por Hollywood. Esta es una instancia en la que el superyó encarna el lado perverso de la democracia estadounidense: "La FBI es paciente. Esperó hasta que la preñez de Diana se volviese obvia" (204).

De este modo, la novela analiza el papel del cine en la fabricación y divulgación de mitos que convienen y conforman la manera de ver el mundo en los Estados Unidos; en ella, el escritor sintetiza los nexos entre el poder, la política, Hollywood y los sueños estadounidenses: "Cómo gocé, de niño, las películas de Frank Capra, donde el valiente Quijote pueblerino Mr. Deeds o Mr. Smith vence con su inocencia a las fuerzas de la corrupción y la mentira" (111). La novela revela los métodos ilícitos mediante los cuales el FBI generaba rumores "entre los columnistas de chismes cinematográficos" (205), que en realidad eran carnadas que mordían ciertos miembros que los mantenía al margen de las verdaderas actividades de la empresa a la que representaban. La pérdida del bebé, que aparentemente mostraba atributos étnicos totalmente diferenciables de Diana Soren, y más bien corría el rumor de ser vástago de un Pantera Negra, no solo causó el desmoronamiento de la carrera de Diana, sino el suyo personal al caer en el círculo vicioso de las drogas y la promiscuidad. Pero es el trauma resultante de estos hechos lo que marca el triunfo del superyó sobre el deseo de Diana, pues al destruirlo, el miembro indeseable es erradicado totalmente de la comunidad de Hollywood, sin haber utilizado el cadalso, la hoguera o disparado una sola bala.

Lo que queda en Diana al final de su etapa de locura, es lo que en Lacan se conoce como subjetivación, que no es otra cosa que pasar por ese trance de enajenación para alcanzar el estatus de sujeto. Por ello vemos que a la muerte del bebé, Diana acepta sin reservas la inminencia de su propia muerte; pues al convertirse en sujeto, en el sentido lacaniano, no sólo toma conciencia de que el control sobre sus relaciones amorosas era espurio, sino que había sido, sujeta al dominio ineludible del superyó.

Para Lacan, el sujeto es, en última instancia, el nombre de ese "gesto vacío" por medio del cual, asumimos libremente lo que se nos impone. Dicho esto, deducimos que antes de darse cuenta del plan de difamación por parte de FBI, Diana constituía un objeto sexual para sus amantes; su poder de fascinación dependía del papel que ella desempeñaba en la fantasía de los hombres que frecuentaba, aunque vivía bajo la ilusión de ser ella, quien tenía el poder de control. Pero, al asumir finalmente esta realidad, Diana, adquiere una nueva posición como sujeto, que desde la perspectiva lacaniana, es el momento en que el individuo se percibe a sí mismo como objeto; o sea como víctima. Consecuentemente, en este desenlace de Diana, en su desplome histérico, cae finalmente en la realización, de que su verdadero papel había sido hasta entonces, el de "el síntoma del hombre"; una fascinación oculta del vacío de su inexistencia, de modo que, cuando es a la postre rechazada por el público, luego de las intrigas perpetradas por el FBI, toda su estructura de seguridad se desmorona. Esto lo ilustra el encuentro posterior a la muerte de Diana, cuando Carlos e Iván Grava, discurren en el porqué de la obstinación de Diana por exhibir el cadáver del bebé muerto al público, hecho que además contaba con su aprobación en la publicación de fotos relacionadas con el evento:

> —Necesitaba ser testigo de su propia muerte. Es todo. Quiso ver cómo sería vista si ella misma regresaba muerta a su pueblo, quería ver las caras, oír los comentarios, cuando aún podía hacerlo. Ese bebé fue una Diana sustituta, una

> niña inocente, Diana pura y vuelta a nacer. Ya ves, la puta murió en su país. Y muere todo el tiempo. (204–205)

La novela concluye con la noticia de la muerte de Diana Soren, cuyo cadáver yacía dentro de un Renault, en una callejuela de París. Diana Soren, o Juana de Arco personalizada, creyó su propio mito, por lo que fue eliminada por una sociedad a la que intentaba redimir. No convenía a la ideología ni a los intereses de la democracia que se llevara a la práctica la defensa real de la inocencia y de los ideales que promovía la industria cinematográfica, porque ello significaba trastocar el orden establecido. A este respecto, el esposo de Diana le comenta a Carlos:

> —Era una ingenua política. Le advertí muchas veces que los gobiernos democráticos saben que la mejor manera de controlar un movimiento revolucionario consiste en crearlo...Ella nunca entendió esto. Cayó una y otra vez en la trampa. La FBI decidió darle la puntilla con una gran carcajada.
> —Creí que la ibas a defender.
> —Claro que sí. Diana Soren, querido amigo, fue un ser ideal. Resumió el idealismo de su generación, pero fue incapaz de vencer a una sociedad corrupta y a un gobierno inmoral. Es todo. Piensa así en ella. (211)

Como la crítica de Gravat expresa que la mejor manera de controlar un movimiento revolucionario consiste en crearlo, la comunidad hollywoodense, un microcosmos de los Estados Unidos, mantiene sus lazos de confraternidad con sus miembros, no tanto por la identificación con la Ley que regula el circuito de "normalidad" de esa comunidad, sino, por ejercer una fuerte presión sobre los individuos para que sean ellos mismos quienes busquen su identificación con el grupo. Quizás en ello radique la esencia en la trama de *Diana o la cazadora solitaria*: la figura de Diana Soren no es meramente una víctima inocente de la represión política, sino el resultado necesario del sistema. Al identificarse con el personaje ideal que ella representó, se convirtió al mismo tiempo, en el exceso que el poder debe eliminar. En última instancia, la novela revela que el poder genera su propio exceso, el mismo que debe ser eliminado mediante una operación que refleje aquello que se combate.

Curiosamente, a la muerte de Diana, el FBI rinde un homenaje póstumo a la actriz, admitiendo que en 1970 la había calumniado como parte de un programa llamado COINTELPRO.

> El entonces director de la agencia, J. Edgar Hoover, aprobó la acción: Diana Soren fue destruida porque era destructible. El director en funciones en 1980, William H. Webster, declaró que habían pasado para siempre los días en que la FBI usaba información derogatoria para combatir a los partidarios de «causas impopulares». La calumnia, dijo, ya no es nuestro negocio. Sólo atendemos a la conducta criminal. (235)

En resumidas cuentas, *Diana o la cazador solitaria,* narra la manera en que Diana Sorenes procesada como una bruja moderna, por sus afiliaciones catalogadas como "dudosas" por organizaciones representadas por la ley; pero, a su vez, essantificada por sus ejercicios políticos en bien de la comunidad, tras la cacería de los medios de comunicación. Como resultado, su mundo se desvanece paulatinamente, hasta el momento de su muerte física, pues en tanto constituía el emblema de una época, carecía de malicia, y de recursos políticos suficientes como para contrarrestar ofensivas de índole institucional. Mientras, en el espacio entre la Ley pública y la ley "oscura", representada por una sociedad escindida por luchas antagónicas, la figura de Diana Soren, encarna la imposibilidad estructural de la sociedad; o sea, que mediante el recurso de la cacería de brujas, Diana fue sacrificada como si en ella, esta imposibilidad, hubiera adquirido una existencia real. De este modo, Diana Soren, al igual que otras víctimas de la persecución ideológica de los setenta, es el punto clave, en el que el inmanente antagonismo social, asumió una forma palpable; el punto en el que llegó a ser obvio, que la sociedad no funcionaba como si se tratase de una causa exterior real, cuya eliminación haría posible la restauración del orden, la estabilidad y la identidad.

Obras Citadas

Fuentes, Carlos. *Diana o la cazadora solitaria.* USA: Santilana, 1996. Impreso.

Granados, Tomás. "Entre la mitología y Hollywood." *Quimera* 130 (1994): 50–54. Impreso.

Krauel, Ricardo. "Lectura mítica y ambigüedad genérica: *El cuarto mundo* de Diamela Eltit y *Diana o la cazadora solitaria* de Carlos Fuentes." *Inti: Revista de Literatura Hispánica* 45 (1997): 255–265. Impreso.

López, Irma M. "El intelectual mexicano frente a las crisis sociales en dos novelas de los Noventas." *Hispanófila* 127 (1999): 81–89. Impreso.

Ouabbou, Nacer. "Lectura femenina del discurso machista en Diana de Carlos Fuentes." *Revista de Filología y Lingüística de la Universidad de Costa Rica* 26 (2000): 56–76. Impreso.

Zizek, Slavoj. *How to Read Lacan.* New York: Norton, 2007. Impreso.

———. *The Metastases of Enjoyment: Six Essays on Woman and Causality.* London and New York: Routledge, 1992. Impreso.

Capítulo 3

Volver a escribir la historia en el baño: *En este lugar sagrado* de Poli Délano y *Amuleto* de Roberto Bolaño

El presente es un análisis comparativo entre dos novelas: *En este lugar sagrado* (1977) de Poli Délano y *Amuleto* (1999) de Roberto Bolaño, acoplado desde espacios comunes y momentos históricos afines: el golpe militar del 11 de septiembre de 1973 en Chile, y la represión militar en el campus de la UNAM de 1968 en México. Desde esta coyuntura, trataré el tema de la memoria, recreada y transformada por el presente, el que tomará nueva forma y significado al verse modificado por la proyección de la mirada. Los protagonistas, veremos, intervendrán en su pasado de una manera peculiar, al vincular el estado actual de las cosas con acontecimientos relevantes en sus vidas, de modo que, este encadenamiento de sucesos, generará una imagen transformada de la historia, considerando que el pasado existe sólo en la medida en que subsiste esta perspectiva diferente e interesada.

Señalo para este efecto, las diferentes características de la mirada en las dos novelas: la primera será utilizada en este ensayo, en el sentido lacaniano de la fase del espejo, en que el protagonista, al igual que el niño reflejado en él, mantiene inicialmente una idea engañosa de su reflejo, pero al percatarse de este engaño, entra en un estado de angustia e invalidación. Esta disposición, conllevará eventualmentea un cambio de paradigma en la psiquis del sujeto, que se evidenciará en una conciencia renovada y propia.

En la segunda novela, observaremos por otra parte, que la mirada toma direcciones no sólo de manera retrospectiva desde el presente, sino, anticipadas desde el futuro, en gran parte como recurso literario por parte del escritor, para desentrañar lo indecible del terror que significó la violencia del México del 68 para aquellos que la presenciaron con impotencia, al verse atrapados entre la fuerza implacable de la acción militar, y la condición solitaria y vulnerable del individuo. Es importante recalcar que el elemento subyacente en estas dos novelas es la memoria, evocada por los protagonistas mediante una mirada motivada por el deseo.

Profundizando en lo anteriormente expuesto sobre el marco teórico de *En este lugar sagrado*, reiteramos que durante la fase del espejo, según Lacan, el niño ve por primera vez su imagen reflejada, y al hacerlo, siente en un principio una sensación de júbilo al reconocerse a sí mismo en toda su magnitud física, como la de un adulto, aunque en realidad lo que delata la imagen es la silueta de un niño. En el psicoanálisis esta instancia de distorsión de la imagen se conoce como "anticipación", dado que dicha correspondencia introduce o anticipa en el niño, el anhelado sentido de independencia. Tenemos pues, que mediante esta identificación, el infante crea una unidad entre su persona y la imagen reflejada, a pesar de que frente a él, no hay cosa más alejada de la realidad. De aquí que la rivalidad con su alter-yo, surge de la realización de que el yo ideal, no corresponde al yo real, hecho que deviene en su posterior alienación al asumir la imposibilidad, por parte del ser dividido, de vencer su imagen rival.

Contrario a la 'anticipación" (la ruptura con el yo idealizado), y posterior a este proceso, toma lugar la "retrospección" o instancia en la que el sujeto confronta sus límites, retrocediendo así, al punto de partida, al punto anterior al reconocimiento de su alter-ego. Lacan explica esta transición en su típico estilo inescrutable,

> El estadio del espejo es un drama cuyo empuje interno se precipita de la insuficiencia a la anticipación; y que para el sujeto, presa de la ilusión de la iden-

> tificación especial, maquina las fantasías que se sucederán desde una imagen fragmentada del cuerpo hasta una forma que llamaremos ortopédica—y a la armadura por fin asumida de una identidad enajenante, que va a marcar con su estructura rígida todo su desarrollo mental. (*Écrits* 4)

Este drama, señalado por Lacan, no sólo interroga al sujeto sobre su accionar ingenuo, al adoptar como suya una identidad viciada y extrínseca, sino que lo insta a abandonar su estado de alienación.

Consecuentemente, la fase del espejo comprende dos sub-divisiones: una proyectada al futuro, por efecto de la anticipación, y otra encausada hacia el pasado mediante la retrospección. De ello entendemos que el sujeto anticipa un "ego ideal" (el yo idealizado), que va a la par con el ánimo del sujeto, y que lo pone en práctica pero, simultáneamente, este modelo anticipado le provoca una gran desilusión en el momento de la retrospección. Hay que tomar en cuenta, por esta razón, que el pasado sobre el cual reflexiona el sujeto, no es un espacio puro ni objetivo, y por ende, el pasado sólo asume rasgos claros y distintivos cuando la mirada es interesada, sostenida e impulsada por el deseo. Si, como lo indica Lacan, la alienación del sujeto es causada principalmente por la acción del futuro, y a su vez, el futuro es fundamento del pasado, el acto de recordar, es una especie de puesta en escena de nuestra capacidad de cambiar el pasado. Esto quiere decir que el pasado existe sólo a condición de que sea reconstruido y reorganizado en el tejido de la memoria histórica, por lo que estamos constantemente "reescribiendo historia". El "recordar", cabe añadir, debe entenderse como una simbolización, una integración simbólica de fragmentos pretéritos sin sentido. En otras palabras, siempre, por definición, el pasado es percibido de manera distorsionada, porque fuera de esta distorsión, el pasado no existe, ya que no es más que la encarnación de esta mirada afectada.

En consecuencia, como lo afirma Lacan, "mi historia," la historia subjetiva de la vida, se constituye como una sucesión del "futuro perfecto," en la que el pasado adquiere un sentido nuevo constantemente con una mirada desde el futuro, contrario al tiempo científico que se construye como un "presente perfecto", considerando que en el estadio de la investigación y la experimentación, los datos se determinan en base a una cronología.

En este lugar sagrado gira principalmente en torno a esta dialéctica temporal de la anticipación y de la retrospección, cuya reconstrucción de la historia otorga un sentido diferente a la vida de Gabriel Canales. El "lugar sagrado", que además aparece en el título de la novela, integra todo un arsenal de motivaciones para el protagonista, quien al verse atrapado en un baño de servicio, en un contexto inadvertido de amenaza y cavilaciones atemporales, asume cándidamente que los mensajes grabados en las paredes del baño de servicio, donde se encuentra atrapado, están dedicados a él. Desde esta identificación subjetiva con su situación, Gabriel deduce: "estamos en un 'sagrado lugar' queriendo ponerle a nuestros recuerdos, es decir a lo que ha sido nuestra vida, un poco de lógica" (Délano 20). Alejandro Morales comenta que el hecho de que Gabriel se encuentre "preso" en el baño de un cine céntrico, alude a la memoria de Gabriel como una película, y a sí mismo como espectador: "Así siendo el cine un lugar donde se proyectan películas, se establece un paradigma entre cine/películas y cuarto de servicio/vida. Este paradigma hace que Gabriel, mientras está atrapado en el cuarto de servicio, cree y experimente una película que él contempla" (Morales 74). Dicha contemplación, forma parte de un examen del pasado, impulsado por el deseo de darle sentido a la atemporalidad, un significado al simple peregrinaje por la vida.

En este trance de la memoria, Gabriel retrocede veinte años atrás, no sólo rememorando vivencias pasadas, sino confrontando acontecimientos en un nuevo contexto. El caso en mención, ocurre a su llegada a Santiago de Chile en plan de estudio, donde aparecen Juan Pablo y Julián, quienes lo guiarán en su entendimiento sobre la realidad del país. La influencia de estas figuras llega a ser tal, que bajo su tutela, acoge fielmente su modelo ideológico. Cabe resaltar que Gabriel "adopta", dicho patrón de pensamiento, porque lo ve como condición necesaria para integrarse en el nuevo ambiente social. Este "ego ideal" sustituiría en gran parte sus vacíos identitarios, que a la larga le deja a Gabriel sumido en la soledad:

> Me sentí algo así como desolado, como un bicho raro, como el morador de un mundo deslumbrante que de pronto se torna hostil, como potro solo en corral

> de vacas, solo porque pensando bien las cosas ¿a quién tenía, más solo aún porque pensándolas mejor ¿a quién había tenido alguna vez? (46)

La idealización de las causas políticas coinciden con la fase del espejo, en que Gabriel (niño) experimenta el goce de la unidad con el otro (la imagen reflejada en el espejo); este otro, representado por las causas justas: la reivindicación del pueblo, la acción comunitaria, en fin, la derrota del autoritarismo y la represión estatal. Por ello, la desaparición de Julián en las revueltas, el suicidio de Mariel, la novia de Julián, de quien Gabriel también está enamorado, intensifican el afán del protagonista de adhesión al grupo, que pese a la pérdida de algunos de sus miembros, continúa siendo constante con sus principios. Es así cómo esta etapa correspondiente a la anticipación, es sustituida por la de la retrospección veinte años después, cuando el misterio de la desaparición de Julián se resuelve con su retorno, convertido esta vez, en hombre de negocios, casado y padre de dos hijos. En contraste con sus ideas políticas previas, Julián era ahora un individuo transformado que ostentaba un estilo de vida aburguesado y preocupado por cuestiones menores de la vida. A su encuentro con Gabriel, Julián aduce el cambio, al desarrollo personal, ya los vaivenes generacionales:

> Se vive una sola vez, mi viejo. Y la vida hay que aprovecharla. Sí, ya, es cierto que yo te convencí de que militaras, pero es que entonces éramos un par de pendejos y después de casi veinte años tú no es que sigas siendo igual, estás peor. Yo entiendo que a los veinte o por ahí uno sea un huevón si no es revolucionario. Pero ahora entiende tú que si a los cuarenta todavía lo sigue siendo, entonces es huevón doblemente. (245)

El "trauma" que en Gabriel se manifiesta como desengaño, aunque atenuado por una breve reflexión: "nuestro buen Julián de aquellos días de pensión y revolturas" (250), no deja de constituirse en herida al sentirse traicionado por los ideales de juventud. A este respecto, Mirian Pino explica:

> [E]l protagonista es un antihéroe, un pícaro que sufre un doble proceso: degradación/conversión, pero estos dos términos adquieren sentido al vincularlos con el afianzamiento de su identidad en pleno contacto con Santiago, y el tiempo representado, es decir, veinte años de historia. (Pino 83)

Este pasaje nos muestra que el insólito encuentro con el otro, se da en condiciones en que Gabriel ya no se reconoce a sí mismo en el espejo, y en lugar de él, ve dibujada la silueta de un extraño con rostro amenazante. Esta desmembración de sí mismo, lo expresa en tono de extrema turbación:

> Desde el espejo mis ojos disparan fuego, mi boca va abriéndose y mostrando los dientes hasta que refulgen filudos los colmillos de Drácula.
> —¡Piedad!—grito aterrado—. ¡Piedad, Gabriel!
> Y comienzo a retroceder, pero Gabriel no se deja hacia el fondo del espejo sino que me sigue, avanza amenazante hacia mí, como dispuesto a estrangularme. (*En este lugar sagrado* 126)

Este momento de pavor y aversión a la imagen alterada en el espejo, marca la diferencia entre el antes y el después de ese desencuentro, dadas la implicaciones nefastas de esta irrupción en la aparente estabilidad del ser, ya que la admisión de esta ruptura significaría la abolición de todo su pasado, y en definitiva, de su propia existencia. Como Alejandro Morales señala, durante tres días Canales sólo "enfoca ciertas respuestas que fueron de suma importancia en su vida y modela su respuesta particular al tiempo que le tocó en suerte vivir" (76). Por eso, Pino compara la novela con el género de *Bildungsroman*, novela que describe la toma de conciencia y el crecimiento del joven: "la historia de Gabriel Canales es un gradual proceso de aprendizaje vital, social e ideológico" (Pino 83). Es aquí, donde surge la autodefensa de una estabilidad ilusoria, de este *horror vacui* que queda, con el derrumbe de las creencias anteriores. Es por ello que entra en escena la fantasía, de la que Gabriel se sujeta, no para escapar de la realidad, sino para sustentarla desde el deseo, cuyo opuesto significaría la aniquilación del sujeto. Este intento por desviarse del abismo que se abre ante Gabriel, le permite crear, desde sus propias ficciones, puentes que aseguren el paso seguro y le impidan caer al vacío. El baño del cine, sirve en este caso, de referente para establecer nexos con recuerdos seleccionados, con el fin de "corregir" el pasado, eludiendo todo aquello que le recuerde el trauma, y de este modo ordenar los eventos del pasado a su conveniencia. El nexo con su esposa, ilustra de manera fehaciente esta necesidad de restablecer el equilibrio perdido en la neurosis. Coincidentemente, el primer encuentro de Gabriel con su esposa Teresa, acaece en un baño público, al que le atribuye elementos positivos, a pesar de las condiciones ordinarias y quizás grotescas:

> Con la sensación espantosa de la diarrea [...] me metí derecho al "Caballeros". La casetita estaba cerrada y tuve que morderme, golpear, decir "apúrese señor que ya me cago", escuchando los ruidos intestinales del contendor que ocupaba la caseta, hasta que me vino un poco de calma, cedió el retortijón y pude esperar paciente, esperar hasta que tímidamente se abrió la puerta y salió ahí, de la mierda y la fetidez, una espléndida muchacha, una trigueña de ojos claros que en lugar de agachar la cabeza y huir puertas afuera con la cola entre las piernas, tuvo la desfachatez de mirarme, sonreír con pudor y decirme "discúlpame, el baño de mujeres estaba cerrado". (158)

La sustitución de un pasado de desengaño que lo lleva al trauma, por uno dotado de significado, opera en Gabriel una nueva forma de mirar su adhesión a la militancia de izquierda, al identificar en Teresa su verdadera fuente de inspiración, pues se ve a sí mismo "entendiendo no sólo que el mundo andaba mal, sino que era absolutamente necesario que se hiciera algo por mejorarlo" (185). En esta fase de retrospección, vemos que Gabriel se resiste a creer que sus acciones fueron en vano, que no hubo puro gasto ni pura pérdida en su historia. Todo lo que había hecho se habría registrado como una huella, aunque su sentido, pareciera haberse perdido. No obstante, y a pesar de que tanto Julián como Teresa habitan en sus memorias, Gabriel figura como ente marginal, interpretando los acontecimientos desde su condición de espectador. Tal es el caso, que por mucho que intenta recordar el pasado y reorganizar su historia, Gabriel padece de una irrecuperable pérdida, que lo aleja a sí mismo de sus propia substancia.

Una vez agotada la fantasía, al sujeto no le resta más que aceptar el reto de la realidad, que es el momento de la simbolización, en que el individuo reconoce que los fundamentos que lo sostenían no eran absolutos y que no puede confiar en el amparo incondicional del Otro. Es por eso que en *En este lugar sagrado*, la puerta del baño se abre, justo cuando entra en la escena la represión militar en Chile, lo que significa también el fin de la ficcionalización y el inicio de la construcción del sujeto.

El hecho de que durante el tiempo en que Gabriel permanece aprisionado, mientras Teresa y sus compañeros yacen detenidos en el estadio de Santiago, marca definitivamente la separación de su dependencia del otro, pues desde ese momento Gabriel comprende que el otro no es un ente infalible ni permanente. Esto lo demuestra Gabriel cuando con ímpetu y decisión, confronta la amenaza del bando militar, armado de una pistola, y retándola a una guerra desigual (seis balas para ellos, y una para sí mismo), además de que demuestra que Gabriel deja atrás la etapa de idealización, para ingresar en el orden simbólico mediante la retrospección, de tal suerte queel tiempo laxo y frenético en el baño de servicio, especialmente esa fuerza extraña que había dominado su destino a lo largo de su vida, adquiere sentido en el presente.

A este respecto, en una entrevista con Guerra-Cunningham Poli Délano explica que el desenlace de la novela transmite algo importante, un fin, u objetivo:

> La acción del desenlace es un llamado a la resistencia simplemente, a la resistencia de cualquier índole, incluso armada porque el personaje disparará e incluso se matará para no caer entregado, su acción en el futuro es una manera de proponer la guerra a la opresión. (Guerra-Cunningham 32)

Visto desde esta óptica, cabe subrayar que el potencial suicidio de Gabriel, interpone una ruptura radical en su vida, considerando que anterior a esta ruptura su actitud era la de un imitador. En este "después", vemos que Gabriel actúa por su propia mano y voluntad al querer rescatar a Teresa y sus colegas, en lugar de mantener las apariencias como militante en un grupo revolucionario. Siendo esta otra línea de identificación, Gabriel logra su autonomía y asume su propia militancia.

De todo lo dicho, podemos resumir que *En este lugar sagrado* se da un proceso de toma de consciencia por parte de un adherente a la ideología de izquierda de los años sesenta y setenta en Chile, que como resultado de este proceso trasciende su manera inauténtica de concebir las ideas, la militancia política, y su propia vida. La conexión entre dos sub-fases: la anticipación y la retrospección de la fase del espejo, nos ayuda a posicionar al sujeto y su relación con la historia, que visualizada desde una mirada interesada, o afectada por acontecimientos traumáticos, dan lugar a la creación de una nueva historia que obliga al sujeto a entender su propio destino. De hecho, la historia subjetiva de Gabriel, no expresa nostalgia por un pasado irrecuperable, sino, por el contrario, insinúa que la historia espera aún ser reinterpretada desde el futuro; una historia suspendida por el golpe militar.

En *Amuleto* (1999) de Roberto Bolaño, el espacio físico del baño reaparece en un nuevo contexto, la represión en la universidad de la UNAM, aunque se da en las mismas circunstancias de encierro que en la novela de Délano. Es interesante notar que tanto Poli Délano como Roberto Bolaño estuvieron en condición de exiliados en México posterior al golpe militar de 1973; de aquí que especulemos que Bolaño puede haber sido influenciado por la novela *En este lugar sagrado*, a pesar de que no hay datos específicos que indiquen que Bolaño haya afirmado o negado tal cosa. Lo cierto es que en ambos textos, el cuarto de servicio comunica el enclaustramiento involuntario, pero inevitable que proporciona una prisión: quizás el México del exilio de los escritores que forzosamente abandonaron sus países en conflicto. Pero a diferencia de *En este lugar sagrado*, donde la mirada hacia el pasado se da en orden cronológico hasta la toma de conciencia del protagonista, en *Amuleto*, el examen de la memoria de Auxilio no sólo trasciende los límites del pasado y del presente, sino también los del futuro; o sea, los acontecimientos que aún no han sido registrados en 1968, el año de la masacre estudiantil. Así, tenemos que la intervención militar tiene lugar en otra parte de la novela, cuando Auxilio "recuerda" desde el baño en 1968 lo que sucederá en 1973; por ejemplo que Arturo Belano, un joven chileno regresa a su patria para "hacer la revolución" (63) en 1973. En esta retrospección futura, Arturo vuelve a México en enero de 1974 cuando "Allende había caído y él había cumplido con su deber" (66). Celina Manzoni indica también los aspectos que se destacan en la novela de Bolaño son "las formas de la temporalidad que atraviesan todo el relato en un remolino en el que presente, pasado y futuro se confunden en la espiral de la infinitud sin perder una presentización a veces alelada e incluso profética" (27).

En este sentido, nos encontramos entonces con un recurso literario extraordinario semejante al *Aleph* de Jorge Luis Borges, para quien este apartado sería "el lugar donde están, sin confundirse, todos los lugares del orbe, vistos desde todos los ángulos" (Borges 170). Ilustra esta posición, la voz narrativa de *Amuleto* en un modo divagante:

> Y lo más curioso es que la recuerdo desde mi mirador de 1968. Desde mi atalaya, desde mi vagón de metro que sangra, desde mi inmenso día de lluvia. Desde el lavabo de mujeres de la cuarta planta de la Facultad de Filosofía y Letras, mi nave del tiempo desde la que puedo observar todos los tiempos en donde aliente Auxilio Lacouture, que no son muchos, pero que son. (52)

Es por ello que, a diferencia de *En este lugar sagrado,* donde el tiempo y el espacio de Gabriel funcionan de manera que su peregrinaje por el pasado culmina con su concientización política, en *Amuleto,* el objetivo del escritor no es el de producir ningún desenlace dramático, ni abordar el tema de la subjetividad. Lo que sí resalta *Amuleto,* es la impotencia de quien mira, para evitar el mal que se avecina. La mirada es por tanto, en este contexto, un medio impotente, porque aparte de su función de mirar, no transmite ninguna señal de auxilio. Es por esta razón, que si bien la mirada supera los límites del espacio y del tiempo, también tiene la habilidad de abarcar demasiado, pero no lo suficiente al mismo tiempo. Así, el momento en que la protagonista trasciende la mirada hacia horizontes insondables, encuentra que las imágenes eluden en cierto momento su escrutinio, como si se resistieran a él:

> [...] vi un espejo y me metí la cabeza dentro del espejo y vi un valle enorme y deshabitado y la visión del valle me llenó los ojos de lágrimas, entre otras razones porque por aquellos días no paraba de llorar por cuestiones más nimias. El valle que vi, sin embargo, no era una cuestión nimia. No sé si era el valle de la felicidad o el valle de la desdicha. Pero lo vi y entonces me vi a mí misma encerrada en el lavabo de mujeres [...]. (67)

De esta imagen podemos inferir que el valle personifica la impotencia y la desazón causada por la incertidumbre de lo que estaba sucediendo fuera del cuarto de baño, excepto la sensación de que era importante. Ese límite al que aludimos anteriormente, el *horror vacui,* hace que ocurra la retirada de la protagonista al lugar de la neurosis, de la fantasía. De aquí, que Auxilio, vuelve al instante del baño de servicio luego de que sus divagaciones la llevan a intuir el peligro, del cual no tiene ningún referente, más que el horror y la certeza inexorable de que el baño es su salvaguarda. El "yo" personal, notaremos en la novela, reincide en pasajes como el que sigue, en el que la narradora busca enfatizar la voz omnisciente, que más adelante se convierte en vocera de los hechos: "Yo lo conocí. Yo lo conocí en una ensordecedora reunión... Así que yo me hice amiga de él. Yo creo que fue porque éramos los dos únicos sudamericanos en medio de tantos mexicanos. Yo me hice amiga de él" (39).

No obstante, Auxilio no es más que una voz, que aparentemente lo sabe todo, que conoce a todo el círculo intelectual mexicano, a los jóvenes poetas de La Ciudad de México, además de que todos la conocen a ella por lo que se autocalifica como "la madre de la poesía mexicana" (11). Pero, puesto que de ella no se conoce mucho, excepto su nacionalidad (uruguaya), y datos superficiales que no son más que anécdotas de su trajinar por los puntos culturales claves de la ciudad de México, domina la sensación de que Auxilio es una abstracción, una metáfora de la memoria obstinada en interpretar los hechos del 68. En definitiva, Auxilio representa el punto de vista absoluto, una visión sin posibilidad de ser rebatida, porque habita una región desde donde solo se mira de dentro hacia fuera, y desde donde se puede observar sin ser percibido. Sobre este aspecto, Celina Manzoni comenta que esta característica de la mirada está relacionada con la obsesión de la memoria:

> El desafío de Bolaño consiste más bien en la gestación de una textualidad que fluye por el tiempo y el espacio latinoamericanos desplegando nuevas y originales modalidades del tema clásico del doble, de los espejos y del sueño dentro del sueño, un reto que se cumple en condiciones de inmovilidad y de encierro y de la lucha por la memoria. (Manzoni 29)

De la misma manera que en el espejo, donde Auxilio ve caer a los jóvenes, en la novela, aparecen otras instanciasen que la protagonista confronta el reto de cruzar zonas infranqueables. Este es el caso del florero en la casa de Pedro Garfías, cuya proximidad provoca en Auxilio el rechazo que incita a la "pesadilla" o al "infierno", pero que a la vez la exhorta a revelar su contenido:

> Y luego, aun temblando, me levanté y me volví a acercar, yo creo que con la sana intención de coger el florero y estrellarlo contra el suelo, contra las bal-

dosas verdes del suelo, y esta vez no me aproximé al objeto de mi terror en espiral sino en línea recta, una línea recta vacilante, sí poco línea recta al fin y al cabo. Y cuando estuve a medio metro del florero me detuve otra vez y me dije: si no el infierno, allí hay pesadillas, allí está todo lo que la gente ha perdido, todo lo que causa dolor y lo que más vale olvidar. (*Amuleto* 17)

En sentido metafórico, "[...] lo que la gente ha perdido" invoca el deseo de conocer la verdad, que en la novela se manifiesta como prohibición, pues lo contrario resulta en algo doloroso. Ello explica la actitud de Auxilio de poner resistencia ante "la verdad" sin vacilaciones (en espiral) y a indagar en su contenido.

Este modo de ver de Auxilio, evoca el modelo de inversión irónica del Panóptico de Bentham, cuya eficacia, según Michel Foucault, radica en el hecho de que los sujetos vigilados, no se percatan de un ojo vigilante que observa sus más mínimos movimientos y actividades, a pesar de que lo intuyen. Esta incertidumbre intensifica la sensación de amenaza, y por ende, los persuade de manera negativa de su deseo de escapar. En el caso de *Amuleto*, sucede lo mismo, pero a la inversa, pues es el centro del Panóptico que lo ve todo, el punto vulnerable, el que alberga el pánico y el miedo a ser descubierto, mientras los miembros de la periferia, alrededor del centro, viven ajenos al inminente peligro.

Pero quizás el punto más álgido de la novela reside en la reconstrucción de los hechos nefastos en la UNAM, donde la voz narrativa anticipa el peligro inminente que corren sus compañeros en la plaza de Tlatelolco: "vi soldados [...] y vi tanquetas [...] y vi furgonetas [...]. Y luego vi un grupo de secretarias [...] y después vi a un grupo de profesores [...] vi gente con libros en las manos, vi gente con carpetas [...] y vi gente que era sacada a rastras [...]" (30–31).

En este sentido, las primeras líneas de *Amuleto*: "Ésta será una historia de terror. Será una historia policíaca, un relato de serie negra y de terror. Pero no lo parecerá. No lo parecerá porque soy yo la que lo cuenta" (11), transmiten la esencia de la novela llevada al máximo de la representación, del miedo y la impotencia del individuo, paralizado por la desigualdad de fuerzas: la suya, impulsada por el deseo de prevenir la entrada en acción de una maquinaria militar titánica contra civiles desarmados, y la estatal, que con todo su poder y magnitud, descargan su arsenal bélico contra una multitud inadvertida. Es quizás por este artilugio literario que *Amuleto* capta un interés peculiar en el lector, quien ve con sorpresa que no es la mirada de Auxilio la que cautiva, sino las miradas inéditas de lo jóvenes que en una época de idealizaciones panfletarias adoptaron como suyas sus consignas.

Es así que el final de la novela, es una visión fatalista de Auxilio, quien observa y escucha con total impotencia, el clamor de los jóvenes/niños desde lejos, sabiendo de antemano que no podrá hacer nada por salvarlos:

> No tenía fuerzas para [...] decirles que marchaban hacia una muerte cierta. Lo único que pude hacer fue ponerme de pie, temblorosa, y escuchar hasta el último suspiro su canto, escuchar siempre su canto, porque aunque a ellos se los tragó el abismo el canto siguió en el aire del valle, en la neblina del valle que al atardecer subía hacia los faldeos y hacia los riscos. (153)

El canto entonado por estos niños hacia el final de la novela, sugiere la persistencia de una voz colectiva que forma el corpus de *Amuleto*: "Y aunque ese canto que escuché hablaba de la guerra... yo supe que por encima de todo hablaba del valor y de los espejos, del deseo y del placer. Y ese canto es nuestro amuleto" (154). Por eso, Moira Álvarez afirma que los niños de esta novela "no son niños mexicanos, son latinoamericanos" puesto que Bolaño propone que "esa muerte traspasa nacionalidades y abarca la de una generación entera de jóvenes latinoamericanos sacrificados" (Álvarez 434).

En resumen, cabe recalcar que ambas novelas buscan en la intervención de la memoria, darle un sentido relevante a nuevos acontecimientos e interrogantes surgidas por traumas y desencuentros con los ideales. Esto se lleva a cabo con mediación de la mirada, que en cada caso, apunta en direcciones, espacios y tiempos distintos. En el caso de *En este lugar sagrado*, hemos visto que la mirada de Gabriel recorre el pasado y llega al presente afectado por el nuevo contexto de su desengaño, que a la vez lo conduce a su concientización y adopción de una subjetividad propia. En *Amuleto*, pudimos observar que Auxilio, la protagonista, es la voz omnisciente que paradójicamente padece la neurosis de quienes característicamente son observados y controlados por un centro omnisapiente. Esto se debe a que en el centro de todo radica el caos, la violencia y el miedo, que traducidos a los sucesos de la UNAM del 68 en México, busca transmitir el nivel de impotencia de quienes viven circunstancias similares al tratar de derrotar a un gigante armado.Quizás el verdadero amuleto es la memoria que previene y alerta contra el mal de los tiempos, y la literatura, el instrumento del que se sirve el escritor para re-significar la historia.

Obras Citadas

Álvarez, Moira. "La voz de Auxilio en *Amuleto* de Roberto Bolaño." *Revista de Crítica Literaria Latinoamericana* 38 (2012): 177–190. Impreso.

Bolaño, Roberto. *Amuleto*. Barcelona: Anagrama, 1999. Impreso.

Borges, Jorge Luis. *Ficciones—El Aleph—El informe de Brodie*. Caracas: Biblioteca Ayacucho, 1993. Impreso.

Délano, Poli. *En este lugar sagrado*. La Habana: Casa de las Américas, 1983. Impreso

Foucault, Michel. *Discipline and Punish: The Birth of the Prison*. New York: Vintage Books, 1995. Impreso.

Guerra-Cunningham, Lucía. "Poli Délano." *Hispamérica* 41 (1985): 29–41. Impreso.

Lacan, Jacques. *Écrits, A Selection*. Trans. Alan Sheridan, London: Tavistock, 1980. Impreso.

Manzoni, Celina. "Reescritura como desplazamiento y anagnórisis en *El amuleto* de Roberto Bolaño." *Hispamérica* 32 (2003): 25–32. Impreso.

Marinescu, Andreea. "Testimonio in the Lettered City: Literature and Witnessing in Roberto Bolaño's *Amuleto*." *Chasqui* 42 (2013): 134–146. Impreso.

Morales, Alejandro. "*En este lugar sagrado* de Poli Délano: Las manifestaciones del exilio." *Confluencia* 4 (1988): 69–82. Impreso.

O'Bryen, Rory. "Memory, Melancolia and Political Transition in *Amuleto* and *Nocturno de Chile* by Roberto Bolaño." *Bulletin of Latin American Research* 4 (2012): 473–487. Impreso.

Pino, Mirian. "Hacia una nueva perspectiva de *En este lugar sagrado* de Poli Délano." *Revista Chilena de Literatura* (April 2001): 75–94. Impreso.

Vidal, Hernan. "The Politics of the Body: The Chilean Junta and the Anti-Fascist Struggle." *Social Text* 23 (1979): 104–119. Impreso.

Capítulo 4

La violencia objetiva y la violencia subjetiva en *La voluntad y la fortuna* de Carlos Fuentes

La voluntad y la fortuna (2008) de Carlos Fuentes sigue una estructura paralela con el acontecer histórico de México, desde sus turbulentas olas revolucionarias de principios de siglo, hasta sus momentos más contemporáneos caracterizados por el caos generalizado del crimen organizado, el narcotráfico, la corrupción estatal, y la desintegración social e institucional. Además de esta violencia visible cuyo agente es perfectamente identificable, Fuentes destaca otro tipo de violencia cometido bajo el nombre del progreso económico. La violencia de los gobernantes y nuevos oligarcas se llama paradójicamente *La Utopía* que un México secuestrado por las mafias revolucionarias que apantallaron su verdad de corrupción bajo el velo de la utopía del progreso a la muchedumbre encerradas en el círculo vicioso de cambios de gobernantes por el voto popular, pero que en realidad era una misma familia oligarca que se repartía el poder y hacía trueque con las empresas privadas. Es un estado constituido sobre sí mismo y para sí mismo en el poder, donde no existen espacios de competencia con otros poderes, como lo es el poder empresarial privado que no esté bajo su control. En otro nivel se encuentran las masas/muchedumbres y entre ellas, sectores de la población desplazada y excluida de toda participación que no sea la de integrantes, prisioneros reincidentes, niños sometidos al sadismo de carceleros cuyos métodos crueles reduce la población carcelaria, prostitutas aliadas a la delincuencia como manera de elevar su *estatus quo*. La muchedumbre desea cruzar el cerco que le impide alcanzar la fortuna, saltando el muro de la necesidad, adquirir voluntad y llegar a la fortuna. Elías Fuentes, explicando el pensamiento de Nicolás Maquiavelo del siglo XV, señala que la voluntad, la fortuna y la virtud son tres valores imprescindibles para ejercer el poder. Para la crítica, el México contemporáneo es una sociedad donde existen solo la voluntad y la fortuna pero sin virtud que "equilibra fuerzas, pasiones, intelecto y audacia" (197). La falta de virtud resulta ser la falta de proyecto "en que se incluyeran las distintas clases sociales, bases al fin y al cabo del poder" (197). Así, para Steven Boldy *La voluntad y la fortuna* de Carlos Fuentes exhibe "una preocupación pesimista por la degeneración de la vida social y política mexicana" (Boldy 244) causada principalmente por las diferencias de las clases sociales.

El narrador de *La voluntad y la fortuna* es la cabeza decapitada a los 27 años de Josué Nadal. A través del monólogo interior de Josué podemos saber que él es la víctima del capitalismo que siempre genera su propio exceso y luego obstina en eliminarlo. El hecho que la cabeza decapitada sea el narrador principal de la novela adquiere un sentido importante porque le otorga al texto una veracidad a la realidad que el texto describe. Si una víctima de actos violentos pudiera testimoniar su dolorosa experiencia de manera clara, con todos los datos situados en un orden consistente, su claridad, al contrario, nos haría sospechar de su veracidad. Mediante presentar una situación absurda e irreal en la cual la cabeza habla por sí solo, Fuentes reproduce el impacto traumático que padece la sociedad mexicana y participa en su horror: lo que hace del testimonio de Josué después de su muerte algo veraz es su incoherencia factual, su confusión, su informalidad.

> Yo, Josué, cuya única preocupación en este instante es no morderse la lengua. Porque aunque la cabeza este cortada, la lengua busca hablar, liberada al fin, y solo alcanza a morderse a sí misma, morderse como se muerde una salchicha o una hamburguesa. Carne somos y a la carne regresamos. ¿Así se dice? ¿Así

> se ora? Mis ojos sin orbita buscan al mundo. Fui cuerpo. Tuve cuerpo. ¿Seré alma? (*La voluntad y la fortuna* 14)

Es con base en este esquema preliminar que propongo un análisis de dos tipos de violencia ejercidos a lo largo de la novela; identificación que estimo importante esquematizar, por cuanto su diferenciación nos permite adentrarnos en profundidad en la naturaleza misma del México que Carlos Fuentes intenta representar. Junto con dicha categorización espero contextualizar el rol del Estado y del poder empresarial en la construcción de una realidad ajena al carácter real de la nación y sus habitantes donde se desarrollan sus operaciones. El autor busca en los recovecos de la historia inscribir en la contemporaneidad de México lo que ha significado para su país entrar en una modernidad proveniente desde fuera, sin bases en la realidad cotidiana de sus ciudadanos, de sus necesidades y sus causas, y a los que más bien se los ha sometido a la ilusoriedad provocada por el *show* mediático, de dramas superficiales faranduleros que dan fe de una ausencia de voluntad, la misma que es constantemente secuestrada para asegurar su sometimiento.

Como primera categoría puedo señalar una violencia subjetiva, cuyo ejemplo arquetípico radica en la índole sádica y cruel del degollamiento, los asesinatos en números exorbitantes, la prostitución, las drogas y sus efectos nefastos. Según Slavoj Zizek, la violencia subjetiva es aquella que resulta ser más evidente y que usualmente es la única considerada. Es subjetiva porque los agentes de esta violencia son los individuos, sujetos que alteran el orden político, social, familiar. A este estrato debo añadir una violencia objetiva que son las consecuencias catastróficas del funcionamiento del modelo económico y político. Por eso, es imperceptible en primera instancia, pues está caracterizada por su ocultamiento táctico, cuyos efectos son perdurables y difíciles de erradicar una vez instaurada en la psiquis colectiva.

> La cuestión está en que las violencias subjetiva y objetiva no pueden percibirse desde el mismo punto de vista, pues la violencia subjetiva se experimenta como tal en contraste con un fondo de nivel cero de violencia. Se ve como una perturbación del estado de cosas «normal» y pacífico. Sin embargo, la violencia objetiva es precisamente la violencia inherente a estado de cosas «normal». La violencia objetiva es invisible puesto que sostiene la normalidad de nivel

> cero contra lo que percibimos como subjetivamente violento. [...] Puede ser invisible, pero debe tomarse en cuenta si uno quiere aclarar lo que de otra manera parecen ser explosiones «irracionales» de violencia subjetiva. (*Violence* 2)

En la novela, como veremos más adelante, la violencia objetiva es perpetrada por el gobierno central en complicidad con la empresa privada que no escatima los medios utilizados para conseguir sus fines.

Como bien conocemos, las estadísticas de violencia en México muestran cifras alarmantes de asesinatos en sus diferentes categorías: sicariato, femicidio, infanticidio, venganzas personales y otras. Lo sobresaliente del caso no es la violencia en sí misma, sino la naturaleza misma de los crímenes y el porqué estas han secuestrado las leyes jurídicas y las instituciones del estado mexicano llegando al punto de ingobernabilidad. A estas preguntas, la cabeza de Josué nos da las respuestas a través de reconstruir su corta vida y de desenmascarar los misterios de los demás personajes. Las constantes alusiones a personajes bíblicos, filosóficos y políticos, les proporcionan un aura de veracidad a la historia a pesar del uso de herramientas literarias no convencionales.

En este pasado narrado por la voz liberada del cuerpo, Josué aparece creciendo solo bajo la tutela de María Egipciaca, de quien guarda ambiguos sentimientos y de quien poco sabe sobre su vida. Tampoco conoce los pormenores del origen de su apellido, ni de su nacimiento. Su condición de orfandad similar a la de Jericó, lo lleva a compartir con él pensamientos filosóficos y su visión de la vida en un intento por recrear una identidad propia como compensación a su desarraigo social.

El mentor de ellos es el padre Filópater que les habla de una tercera vía: la de Spinoza, voluntad de razón y voluntad de fe unidas en un anhelo de libertad. Fuera de la escuela, Josué conoce el mundo visitando primero al estamento criminal de los reclusos del penal de San Juan de Aragón como estudiante de derecho y luego asciende al rascacielos "Utopía" de magnate de las telecomunicaciones Max Monroy. La Ciudad de México que Carlos Fuentes presenta en esta novela se estructura verticalmente ya que las prisiones de los criminales están en el sótano y la oficina es Monroy está en el último piso del edificio que no le permite ver a nadie. Hasta los mismos empleados que trabajan en la compañía de Monroy confiesan que nunca han presenciado el rostro de su jefe, ni se cercioran de que si existe de verdad ese personaje misterioso. Es una ciudad monstruosa que absorbe todo pero luego muestra divisiones claras de las clases sociales. Josué describe que La Ciudad de México es "asolada desde siempre por la destrucción militar, la miseria, la desigualdad, el hambre y la revuelta y a pesar de, o gracias a tanta catástrofe, empeñada en resucitar cada vez más caótica, briosa e impertinente" (62).

Josué llega a aprender los misterios de su propio origen al encontrarse con la voz de Antigua Concepción que habla desde su tumba desconocida. Por medio de ella, se conoce sobre las luchas por el poder por parte de los mismos revolucionarios de principios de siglo y su posterior oportunismo del cual hace eco su propio esposo, un general Maximiliano de quien dice Antigua Concepción seguía sublevado por costumbre sin percatarse "de que los tiempos habían cambiado [y] que la revolución se iba a volver institución" (168). Antigua Concepción llega a dominar los destinos de la familia a tal extremo que siempre vive con la obsesión de amasar más y más riqueza y a cometer actos indecibles: obliga a su hijo Max Monroy, aun soltero y de edad mediana, a contraer nupcias con Sibila Sarmiento, una adolescente de catorce años, con el único interés de fincar las tierras de ambas familias. Para este fin, "Conchita" ejecuta el plan de que una vez casados, encerraría a su nuera en un convento como táctica eliminatoria eficaz. Las repercusiones de este abandono, también surgiría su efecto trágico en los tres hijos: Miguel Aparecido, Josué y Jericó, que procrearía Monroy más tarde como consecuencias de las visitas que él hace a su esposa en el hospicio, a pesar de la prohibición de la madre Antigua Concepción, para quien la violencia ejercida sobre su prole constituía un acto de amor:

> [T]odo por ti, Max, todo para que tú crezcas y te afirmes sin lastres, sin obligaciones de familia, sin hijos que cuidar, sin esposa que te joda, te regañe, te cargue, tú libre, hijo mío, tú soberano gracias a la voluntad de tu madre magnífica la Antigua Concepción, no Concha, no Conchita, no sino la madre de la voluntad, el antojo, el capricho, la creación misma, la determinación… La dueña de la fortuna. El ama del azar. (422–423)

El hecho de que la voluntad se ejerza desde una tumba anónima, ratifica la crítica de Fuentes sobre el carácter endémico del poder imbuido en el estado mexicano que actúa de manera indetectable pero eficaz en determinar los destinos del pueblo a su antojo. La misma Antigua Concepción dice "en México lo épico de la revolución lo justificó todo, el progreso y el atraso, la constitución y la corrupción, la paz y la política. Todo en nombre de la revolución. Hasta que la matanza de Tlatelolco dejó encuerada a la revolución. Encuerada pero cagando sangre, cómo no" (217–218).

El mismo abuso sucede en el estado porque el gobierno construye el mayor centro penitenciario de la república en el mero centro de la capital. Lo hacen, por un lado, para que los prisioneros sepan que ellos "no son raza aparte sino ciudadanía prisionera" (129) y que, por otro, sus ciudadanos crean que son protegidos de todos modos: cuanto más aterradoras sean las noticias que se difundan a través de los muros del centro penitenciario, más se asemeja a la libertad esa condición de vivir en la pobreza. Sin embargo, lo que sucede en realidad es que, a pesar de esta separación institucional, la vivencia de los ciudadanos pobres no es diferente de la de los presos. Fuentes describe la situación de la clase marginada de México de la siguiente forma.

> Casi todos eran entregados a las bandas por sus familiares a cambio de dinero, y a veces nomás para deshacerse de los escuincles. Otros [...] tenían más talento pero habían nacido en la marginación más absoluta, con vidas cercanas a la perrería o la marranería. Su única salida [...] era el crimen o la prostitución. (123)

Esta clase marginada se distingue de los pobres típicos porque ellos no tienen la capacidad de cambiar su estatus quo y que están fuera de la atención del gobierno. Según el sociólogo Zygmunt Bauman, la diferencia radical entre la clase pobre y la clase marginada es que mientras la clase pobre todavía evoca la movilidad de una sociedad donde las personas del nivel más bajo de una escala pueden subir y, de ese modo, abandonar su situación de inferioridad, la clase marginada ha dejado de ser integral de la sociedad. Estos son gente que ya no realiza contribuciones útiles para la vida de los demás, porque no pueden participar en la vida normal de los consumidores (*Wasted Lives* 35–6). La novela de Fuentes refleja esta situación en la que los muros que separan los prisioneros y los marginados son puramente aparentes ya que no funcionan para reformar a los delincuentes.

La única contribución de ellos es, paradójicamente, a través de convertirse en el enemigo público que absorbe los temores que apuntaban antes a los países extranjeros. Ahora, el enemigo está dentro porque ellos, a pesar de su incapacidad económica, quieren vivir en el mismo mundo compartiendo las mismas experiencias que el dinero les puede ofrecer. De allí surge la urgencia de establecer un espacio exclusivo para los "normales", un espacio libre, donde paradójicamente los ricos viven encerrados en su propio espacio para prevenir el traspaso de los excluidos.

Monroy es el que gobierna prácticamente México con su tecnología y dinero mientras que al presidente Carrera solo le interesa "inventar festejos populares para entretener y distraer a la gente. De vuelta, convirtió al Zócalo en pista de patinar. De vuelta, abrió piscinas infantiles en zonas sin agua. Heridos en las pistas. Ahogados en las piscinas. No importa: Circo sin pan" (459).

Monroy y Carrera no cometieron nada de la violencia visible, no había ninguna maldad subjetiva en sus vidas, sólo el invisible trasfondo de la violencia sistémica. Para ellos los problemas de México parecían surgidos de la nada. En México los criminales resultan ser las víctimas de la violencia objetiva ya que no tienen otra opción.

> Casi todos eran entregados a las bandas por sus familiares a cambio de dinero, y a veces nomás para deshacerse de los escuincles. Otros [...] tenían más talento pero habían nacido en la marginación más absoluta, con vidas cercanas a la perrería o la marranería. Su única salida [...] era el crimen o la prostitución. (123)

La oposición a toda forma de violencia parece ser la principal preocupación de Monroy y Carrera pero en realidad, a través de prestar atención a la violencia subjetiva, ellos tratan de evitar su responsabilidad a los problemas sociales. De este modo, este enfoque único centrado en la violencia subjetiva resulta ser un intento a la desesperada de distraer la atención del auténtico problema, tapando otras formas de violencia y, por tanto, participando activamente en ellas.

En relación con la Monroy podemos decir que el destino de un estrato completo de la población es manipulado por el movimiento especulativo de su dinero, que persigue su meta del beneficio con total indiferencia sobre cómo afectará dicho movimiento a la realidad social. A pesar de que por toda su vida Monroy ha tratado de independizarse de la sombra de Antigua Concepción, termina haciendo exactamente lo mismo que su madre hacía para conseguir la riqueza: "Max Monroy era todo aquello de lo cual Max Monroy se distanciaba, y aquello de lo que se distanciaba era la ilusión y la práctica cotidiana de la política latinoamericana" (271).

Es decir, Max Monroy es una encarnación del movimiento incontrolable del capital que proporciona las catástrofes de la vida real. El capital persigue su meta del beneficio con total indiferencia sobre cómo afecta dicho movimiento a la realidad social. Como consecuencia la situación de México, según Jericó, es:

> un país de más de cien millones de habitantes que no puede darle trabajo, comida y educación a la mitad de la población, un país que no sabe emplear a los millones de obreros que necesita para construir carreteras, presas, escuelas, viviendas, hospitales para preservar los bosques, enriquecer los campos, levantar las fábricas, un país donde el hambre, la ignorancia y el desempleo conducen al crimen y una criminalidad que lo invade todo, el policía es criminal, el orden se desintegra, Josué, el político es corrupto, hace agua la trainera, vivimos en una Xochimilco sin María Candelaria o Lorenzo Rafael o puerquitos que nos salven. (358–359)

La violencia fundamental de México reside en este capitalismo fallido que no es atribuible a los individuos concretos. Al contrario, el problema radical se halla en la diferencia lacaniana entre la realidad y lo real: la realidad es la realidad social de las personas concretas implicadas en la interacción y en los procesos productivos, mientras que lo real es la lógica espectral, inexplicable y abstracta del capital que determina lo que ocurre en la realidad social. Este es un vacío que la realidad de México que Carlos Fuentes describe: es un país donde reina el desorden, donde el deterioro ecológico y la miseria a que se ve expuesta su población están presentes en cada detalle. Sin embargo, los informes económicos sobre México dicen lo contrario, su economía es financieramente sana: la realidad no es lo que importan; lo que importa es la situación del capital. La diferencia entre la realidad y lo real se observa en todas partes de la sociedad, especialmente, en el Periférico que se esconde su verdadera fachada bajo la máscara del consumismo.

Es fácil localizar quién es responsable de los crímenes ya que nos enfrentamos con el mal subjetivo, con sujetos que actuaron mal. Podemos incluso identificar las fuentes ideológicas de los crímenes. Pero cuando presta atención a los millones de personas que murieron como resultado de la mala función capitalista, en gran medida se rechaza la responsabilidad. Parece que todo hubiera ocurrido como resultado de un proceso objetivo que nadie planeó ni ejecutó y para el que no había ningún manifiesto capitalista.

Monroy afirma que se puede prosperar como empresario y arreglar las causas de los problemas sociales. Para él no hay un pueblo explotado, hay sólo un conjunto de problemas concretos—más específicamente los problemas de la violencia subjetiva—que deben resolverse. Más bien, simplemente todos deben concentrarse en lo que verdaderamente resuelve el problema; comenzar a mover las cosas en vez de conformarse con la simple ayuda centralizada del Estado; enfocar la crisis de un modo creativo y no convencional. Monroy le promete al presidente Carrera que va a distribuir a todos los mexicanos una aparatito del tamaño de una mano que "lo eduque, lo oriente, lo comunique con los demás ciudadanos, le ayuda a conocer los problemas y a resolverlos solo o con ayuda, pero a resolverlos por fin" (380). Por medio de este gesto de ayuda no convencional, Monroy asegura que él no es un mero magnate sino también quiere otorgar a su vida un significado más profundo. Su objetivo es por lo tanto es el de la responsabilidad social y gratitud admitiendo que México ha sido muy generoso con él al permitirle desplegar sus talentos y así amasar sus fortunas, por lo que es su deber devolver algo a la sociedad y ayudar a la gente.

Monroy, al igual que su madre Antigua Concepción, no solamente ha destruido a sus competidores, sino también hasta sus propios hijos, empleando todos los trucos del mundo de negocios para "fundar un reino colectivo junto con un imperio privado" (475). Mientras tanto, el filántropo se preocupa de que los pobres no pueden acceder a las informaciones. En su ética, la despiadada persecución del beneficio se ve contrarrestada por la caridad. Tal es la máscara humanitaria que oculta el rostro del magnate que cree ayudar a los pobres con aportaciones tecnológicas pero de este modo evita la cuestión clave, es decir, su complicidad y corresponsabilidad en la miserable situación de aquéllos. A través de gastar su riqueza en cosas para el bien público, se niega su responsabilidad de la infinita acumulación de riqueza a sacrificio de la los oprimidos. Este concluyente gesto permite a Monroy romper el círculo vicioso de la reproducción infinitamente ampliada, del ganar dinero para ganar más dinero. Cuando "Monroy quiere convertir el lujo en necesidad, a la larga. Quiere que la gente vaya dando por descontado que merece lo que antes le costaba" (283), se niega a sí mismo como mera personificación del capital y de su circulación reproductiva. Su obra de caridad no es sólo una idiosincrasia personal, sino el punto de conclusión lógico de la circulación capitalista, necesaria desde el punto de vista estrictamente económico, puesto que permite al sistema capitalista posponer su crisis. A través de regalar la máquina a todos los mexicanos que sufren de hambre y desempleo, procura restablecer el equilibrio sin caer en la trampa fatídica: la lógica destructiva del reconocimiento y la forzada redistribución estatal de la riqueza sólo pueden acabar en miseria generalizada. Esta contradicción de Monroy evidencia el límite del capitalismo de hoy que no puede reproducirse por sí mismo, sino que necesita la caridad extraeconómica para sostener el ciclo de reproducción social.

El edificio de Monroy evoca los numerosos experimentos utópicos-socialistas que surgieron en América. En el México que Fuentes describe hay dos universos: la abierta y moderna "sociedad del riesgo" frente a la seguridad del antiguo y cerrado universo del sentido; pero el precio del sentido es un espacio finito, cerrado y guardado los innumerables criminales. En este espacio utópico y cerrado el mal no se excluye simplemente, sino que se transforma en una amenaza constante con la que la empresa de Monroy establece una tregua temporal y contra la que debe mantenerse en permanente estado de emergencia. Es como si la auténtica utopía sólo fuese posible en condiciones de amenaza permanente, en un estado constante de emergencia. Es decir, la existencia de los criminales es la condición necesaria para mantener la utopía para una minoría: "Hoy (...) la sociedad es protegida por los criminales. La historia de México es un largo proceso por salir de la anarquía y la dictadura y llegar a un autoritarismo democrático" (507).

En la utopía de Monroy el mal tiene que ser creado constantemente y luego transferirse al otro puesto que el mal es su propia esencia inherente. Lo fundamental de esta violencia objetiva no es su dinámica capitalista como tal, sino los intentos de sustraerse a ella—sin dejar de beneficiarse—construyendo espacios comunales cercados y protegidos: "La ciudad popular aumentaba sus números. La ciudad privilegiada se aislaba a como una perla en la ostra (la costar) urbana" (109). La construcción de esta comunidad en que el discurso aún expresa emociones verdaderas es un fraude que sólo puede escenificarse para los realmente ricos. En este sentido, las figuras ejemplares del mal no son los agentes de la violencia subjetiva, sino aquellos que, completamente implicados en la creación de las condiciones de tal devastación y desintegración, compran un salvoconducto para huir de las consecuencias de su propia actividad, aislándose en espacios exclusivamente para ellos. Esta situación de los marginados en México es comparable con la de los judíos durante la Segunda Guerra Mundial y de los rusos bajo el estalinismo. Al igual que la eliminación del judío era la condición previa al sueño nazi, como observamos en la novela de Fuentes, convertir a aquellos miserables en los seres invisibles resulta ser el requisito principal para la utopía de Monroy. Bauman analiza la dialéctica del caso del totalitarismo y sus víctimas:

> No fueron asesinadas para conquistar y colonizar el territorio que ocupaban. Fueron asesinadas porque no se ajustaban, por una u otra razón, al esquema de la sociedad perfecta. Su eliminación no fue un trabajo de destrucción sino de creación. Fueron eliminadas para poder establecer un mundo objetivamente mejor, más eficiente, moral y hermoso: un mundo comunista o un mundo ario, radicalmente puro. En ambos casos, un mundo armonioso, sereno, dócil en manos de sus dirigentes, ordenado y controlado. (Bauman, 1989: 76)

Entonces, podemos asumir que la tiranía imperante de hoy no es una figura como el *Big Brother*, sino es la misma democracia. Los que viven dentro de la urbanización de la Ciudad de México son los últimos hombres, inmersos en placeres diarios, mientras que los demás mexicanos que no pertenecen allí están dispuestos a arriesgarlo todo, implicados en un combate diario hasta el extremo de su autodestrucción. Miguel Aparecido, uno de los hijos de Monroy, critica la fundación y la realidad de México.

> Así construyeron nuestro país. Diciéndose: si es bueno para mí, es bueno para México. Dime, ¿qué conciencia no se salva si repite este credo hasta creerse su propia mentira? ¿No es esta la gran mentira mexicana: robo, mato, encarcelo, amaso una fortuna y lo hago en el nombre de la patria, mi beneficio es el de la nación y en consecuencia la nación debe agradecerme mi rapiña? (421)

Lo que está desapareciendo de forma gradual en esta oposición entre los que están dentro, los que viven en urbanizaciones cerradas, y los que están fuera son las viejas clases medias de siempre. Los mismos filántropos como Monroy que donan millones para la lucha contra la pobreza y el hambre han arruinado la vida de miles de personas por medio de la especulación financiera, creando así las condiciones del surgimiento de la misma intolerancia contra la que se luchaba. Lo que presenta Monroy es que él es el enemigo típico de cualquier lucha progresista. El resto de enemigos—ineficaces y corruptas burocracias de Estado—son personajes concretos cuyo auge y caída dependen de circunstancias locales contingentes. Precisamente porque quieren resolver todas las disfunciones secundarias del sistema socio económico, los magnates como Monroy son la encarnación de lo que está mal en el sistema como tal.

Como hemos visto, ni Monroy ni Carreras admite que la mísera y terrible realidad es producida por sus propios errores. De este modo, tal ceguera, tal gesto violento de exclusión, de negarse a ver, tal traición a la realidad, tal actitud de "sé muy bien que las cosas son terribles en México, pero creo pese a todo que todos los problemas se van resolver" es el constituyente más fundamental de la postura ética de ambos. Lo que hay que tener en cuenta es que la ética de ellos se basa en este gesto de denegación que traza una línea divisoria e ignora cierta parte del sufrimiento.

Otra modalidad de violencia objetiva ha sido sin duda el capitalismo globalizado que consiste en la circulación libre de mercancías, mientras que en términos humanos, se controla cada vez más la circulación de personas. A pesar de que cada vez más la cultura del consumo en los países desarrollados no tarda mucho en llegar, los marginados no tienen aquella movilidad. El Estado, por su parte, en lugar de responsabilizarse ante la vulnerabilidad y la incertidumbre que emanan de esta situación, trata de ver todo el problema como un asunto privado, una cuestión que los individuos han de resolver y hacer frente con los recursos disponibles.

Dicho de otra forma, dentro de la violencia objetiva, perpetrada por la globalización se encuentra la exclusión de individuos identificados por su condición racial, social y cultural. Este tipo de discriminación es en cierto modo más implacable que las anteriores, por su aplicación sistemática, oculta bajo parámetros jurídicos y de "seguridad nacional" promulgada por los poderes invisibles donde selectivamente se erige un filtro de entrada y salida por sus fronteras, a la vez que se enmascara bajo un Tratado de Libre Comercio, que aparentemente brinda bienestar y prosperidad bilateral.

En la novela de Fuentes, los prisioneros, incitados por Jericó, se escapan de la cárcel rehusando el control impuesto por el gobierno. Jericó exhorta a los obreros que provoquen a otros diciendo:

> [P]rométanles que van a ser ricos para no tener que trabajar; prometan: prométanle a los migrantes expulsados de Estados Unidos, a sus familiares que ya no recibirán dólares mes con mes, a los que no encuentran empleo en México y sólo ven el horizonte del hambre: prometan. Empiecen por el paro, el tortuguismo, el robo de partes, el autoaccidente, los incendios provocados, hasta que se incendie y detenga la ciudad. (402)

La necesidad de protagonismo de Jericó, luego de verse a sí mismo como un sujeto marginal, sin apellido, ni dirección, sumido en el dilema del ser y el deber ser, ambigüedad que lo obliga a definirse en una sociedad en la que el carácter y la persona se construyen desde fuera aunque esto signifique abandonar lo que alguna vez se consideraba justo, ético o simplemente correcto. Jericó, en su afán por figurar, por la aventura de la fama y el reconocimiento, escoge el camino del crimen organizado, el elemento maquiavélico de su aprendizaje con Sanginés para infiltrarse en los círculos de poder del presidente Carreras y planear un golpe de estado sin ninguna base política ni ideológica que su interés personal. La crítica de Fuentes hacia las revoluciones lideradas por gente de clase media ignorando las causas del mismo pueblo al que dirigen, se hacen eco en la figura de Jericó, quien de la misma manera que Madero, Huerta, Obregón y Calles forman parte de una cadena de traiciones y tentativas vacías revolucionarias.

Lo realmente extraño de este acontecimiento no es que el gobierno mexicano no haya podido entender la causa del motín de los prisioneros, sino hasta Jericó, quien armó la revolución contra la autoridad, creyó que:

> [U]na masa insatisfecha iba a seguir a una vanguardia revolucionaria. No vio dos cosas esenciales: primero, que la masa revolucionaria es una invención de la vanguardia revolucionaria. Segundo, que cuando la masa se ha movido es porque llegó al extremo de paciencia. Eso no ocurre—o aún no ha ocurrido—aquí. La mayoría de la gente cree que puede alcanzar una situación mejor. La gente se hace promesas a sí misma. La gente, si quieres, se engaña a sí misma. (452)

El motín es una respuesta a violencia objetiva cuyo propósito no es encontrar una solución inmediata a la situación de agobio colectivo ni intenta solucionar o reparar la situación. Se distingue por ser esta una manifestación de los marginados que no piden más que ser representados en el código social vigente. El no hacerlo significaría anular su propia existencia; por lo que sus reclamos constituyen de cierta manera un último grito de auxilio, grito que nunca es escuchado ni intenta hacerlo.

El final de la novela nos explica cómo Josué fue decapitado. Tras la muerte de Monroy, al saber que está en el último entre los que comparten la herencia del magnate, Asunta encarga a los sicarios a asesinar a Josué para apoderar la propiedad de Monroy. A lo largo de la novela, Josué, conoce el mundo haciendo en un trayecto escatológico, visitando al estamento criminal de los reclusos del panal de San Juan de Argón para luego ascender al rascacielos "Utopía" de Monroy. Pero, en lugar de actuar, habla y expresa sus profundas convicciones deplorando el triste estado del mundo manteniéndose a distancia del mundo prosaico a cualquier precio. La crítica hacia él no consiste meramente en reprocharle que hable en lugar de actuar, que se contente con deplorar el estado del mundo sin hacer nada por cambiarlo. Josué es responsable del estado que deplora de una manera mucho más radical: al quejarse de su inadaptación a la realidad cruel, está perfectamente adaptado a ese mundo puesto que participa de su creación. Josué desempeña el papel de víctima pasiva, de alguien que no puede adaptarse a las exigencias de la realidad banal pero la totalidad de esa red de relaciones es ya su obra. La apariencia de una constatación de los hechos (prisión y ciudad, crimen y empresa, poder político y poder económico) disimula la complicidad, el consentimiento, hasta la voluntad activa de cumplir con aquel papel y de permitir de ese modo que se reproduzca la situación de la que se queja. Lo que se observa en la novela es que la inactividad, el papel de la víctima pasiva, puede funcionar como una forma de actividad por excelencia siempre que él asuma activamente ese papel. Josué pretende describir el estado deplorable de México como si él estuviera excluido de ese mundo, como si lo observara desde una distancia objetiva. Pero olvida incluir su propia posición subjetiva, el hecho de que él quiere que el mundo sea tal cual es para poder continuar ocupando su cómoda posición de víctima: su posición narcisista depende de ese papel.

Como Boldy señala, *La voluntad y la fortuna* se caracteriza por eso como una novela describe "la caída desde la entrada en la Tierra Prometida hasta el anuncio del castigo y la expulsión, desde el Libro de Josué hasta El Libro de Ezequiel" (251). Solo al perder su cuerpo—solo al caerse—Josué llega a formar parte de la realidad a la cual ha sido siempre un espectador indiferente y a renunciar el goce narcisista. Esto dista mucho de ser un simple retorno a la identidad plena: solo en este punto toda la realidad que ha observado llega a ser absoluta adquiriendo una significación positiva.

En resumidas cuentas, *La voluntad y la fortuna* es una novela que despliega varios tipos de violencia que azotan México. Debajo de la violencia subjetiva que aterroriza diariamente al pueblo, existe la violencia objetiva que es la causa principal de la primera. Sin resolver el origen, esperar normalidad de la sociedad resultaría absurdo. *La voluntad y la fortuna* trata también la división de las clases sociales que se caracteriza por la separación entre los seleccionados cuyo símbolo principal es la Utopía y el resto de la gente. A pesar de que Ciudad de México es una de metrópolis más grandes del mundo, los que pueden beneficiarse de la riqueza del país son una minoría aislada mientras que aumenta la cantidad de excluidos—los residuos humanos. En este sentido, el consumismo es el criterio que determina hoy en día el espacio en la sociedad. Los que son incapaces de participar en el mercado comparten un espacio semántico con personas o cosas rechazadas, derroche, basura, desperdicios.

Solo al final de la novela podemos entender el idiolecto de Carlos Fuentes al rememorar la figura del profeta Ezequiel, quien conduce a Josué, ya una abstracción de su cuerpo, a ver desde las alas del profeta con quien vuela en los aires, la devastación de la ciudad que dejó atrás en vida. De acuerdo con la Biblia que Josué es el designado por el Dios de los israelitas para conducir a sus doce tribus a la tierra prometida, luego de la muerte de Moisés y de ver a su pueblo sumido en la adoración de falsos dioses. Los falsos dioses constituyen en la novela, la obsesión por la fama, el dinero fácil, la prostitución y la corrupción generalizada encarnada en la ciudad de Jericó. El México descrito por Fuentes, es también esta ciudad asediada por el crimen y sus tentáculos, además del abandono de los valores que sirven a la sociedad para asegurar su bienestar. En su lugar dominan el cinismo, la desidia y el desamor. El Josué de la novela tiene que morir para observar la totalidad que en virtud de su conocimiento ultra sensorial del cuerpo, es capaz de percibir a fondo su devastación.

Obras Citadas

Bauman, Zygmunt. *Modernity and the Holocaust*. Cambridge: Polity, 1989. Impreso.

———. *Wasted Lives: Modernity and Its Outcasts*. USA: Polity, 2004. Impreso.

———. *Work, Consumerism, and the New Poor*. UK: Open University, 2004. Impreso.

Boldy, Steven. "De la afrenta al melodrama: la familia, la violencia y el crimen en las últimas obras de Carlos Fuentes." *Estudios Mexicanos* 28 (2012): 243–263. Impreso.

Fuentes, Carlos. *La voluntad y la fortuna*. México: Alfaguara, 2008. Impreso.

Fuentes, Moisés Elías. "*La voluntad y la fortuna*: las incertidumbres de la conciencia." *Guaraguao* (2009): 195–198. Impreso.

Gonzablo, Pablo Escalante y Martínez, Bernardo García. *Nueva Historia Mínima de México*. México: El colegio de México, 2006. Impreso.

Zizek, Slavoj. *Violence: Six Sideways Reflections*. New York: Picador, 2008. Impreso.

———. *Living in the End Times*. New York: Verso, 2010. Impreso.

Capítulo 5

La confrontación de dos utopías: el fanatismo político y el fanatismo evangélico en *La guerra del fin del mundo* de Mario Vargas Llosa

El 2 de mayo del 2011 el presidente de los Estados Unidos, Barack Obama, anunciaba la muerte de Osama Bin Laden, líder máximo de Al Qaeda y organizador de los atentados del 11 de septiembre de 2001. La versión de la Casa Blanca indica entre otras cosas que el cuerpo de Bin Laden fue colocado en una bolsa con sobrepeso, y arrojado al mar Arábigo desde la cubierta del portaviones norteamericano Carl Vinson. Como medida de precaución, en circunstancias en que se libraban conflictos ideológicos históricos con el medio oriente, el gobierno norteamericano optó por la extinción de toda localidad que pudiera servir como centro de peregrinación y santificación por parte de los adeptos al líder saudita. Situación similar ocurrió con la tumba de Rudolph Hess, prominente político de la Alemania nazi, cuyo gobierno hizo desmantelar el nicho, destino final de su cuerpo el 21 de julio de 2011 con fin similar al anterior, previniendo así, las habituales peregrinaciones y concentraciones de neonazis a su tumba. Los restos mortales de Hess fueron apartados de su lugar de descanso, incinerados y finalmente sus cenizas esparcidas en alta mar.

La guerra del fin del mundo (1981) de Mario Vargas Llosa, evoca los hechos narrados anteriormente, donde un grupo de fanáticos religiosos se levantan en armas contra la República de Brasil a finales del siglo XIX. El ejército, en la novela, exhuma el cadáver del líder de los rebeldes y lo decapita por temor al fanatismo de sus seguidores. Después, como medida preventiva, los gobernantes brasileros optan por desaparecer la cabeza en algún lugar del Atlántico para "servir de asiento a las madréporas" (*La guerra del fin del mundo* 749). Aunque los espacios temporales y geográficos, a más de las circunstancias en que se dan estos hechos difieren unos de otros, su acontecer revela de manera subyacente, el temor a la sacralización del líder convertido en mártir por parte del extremismo religioso. Tal fue el caso en que tanto la Casa Blanca como la República de Brasil, recelosos de la existencia de enemigos potenciales que podían desencadenar conflictos interminables y quizás catastróficos, actuaron borrando toda posible huella.

Con el fin de aclarar cómo las cúpulas de poder abarcan dentro de sus recintos jurídicos la marginalidad expresada por su rechazo, expulsión y fanatismo ciego, estableceré un análisis comparativo involucrando por un lado a los rebeldes de *La guerra del fin del mundo* y por otro, el concepto del *homo sacer*, generado por Giorgio Agamben. Para ello, veo menester incorporar la utopía religiosa de la novela, como elemento fundamental a este análisis, cuyo ideario no representa una visión del futuro sino, más bien, una mirada hacia un pasado intemporal y vacuo. Además examino el fanatismo evangélico, donde el pasado es idealizado y victimizado por el presente, por lo que en la novela, es preciso desaparecerlo a manera de instaurar un futuro superior al presente que es interpretado por sus exaltadores como la encarnación del Mal.

La trama de la novela transcurre en una época de transición política que es la desaparición dela monarquía y su remplazo por la República. Bajo la dirección de Antonio Consejero, quien se opone a la política progresista, moderna y unificada del nuevo gobierno, los *sertones* brasileños fundan un pueblo en Canudos, en el estado de Bahía, al sur de Brasil, lugar al que llegan los enajenados y explotados buscando salvación. Bajo el mensaje apocalíptico del cabecilla, hasta los bandidos más notorios se transforman en sus más devotos adeptos. La novela describe cómo ve la gente a Antonio Consejero de la siguiente manera:

> Cuando el hombre partía, se hablaba de él: que era santo, que había hecho Milagros, que había visto la zarza ardiente en el desierto, igual que Moisés, y que una voz le había revelado el nombre impronunciable de Dios. (17)

Patricia Montenegro señala que el aspecto que se destaca más en este párrafo es la mitificación del personaje: "narrado en un tiempo indefinido, como son los verbos en imperfecto, partía y hablaba, el contexto que circunda al Consejero nos lo presenta como un ser sobrenatural" (Montenegro 316). Para los yagunzos—habitantes de Canudos auto denominados así, que significa "alzados"—Canudos era una utopía idílica donde no había clases sociales ni discriminación. Estos a su vez declaran la guerra al gobierno e inician la destrucción de las haciendas de sus antiguos dueños. La resurrección constituye el móvil que alienta a los yagunzos a luchar contra las fuerzas armadas del gobierno sin miedo alguno. El texto narra el fanatismo religioso, la insurrección de los rebeldes y su exterminio a manos del ejército del gobierno luego de realizar cuatro expedicionesal sitio del conflicto.

Ángel Rama denomina a este grupo indigente la "tercera fuerza heterogénea", término procedente de Sarmiento, aplicado al hecho de que los yagunzos no pertenecen a "las fuerzas emancipadoras, liberales, criollas, patrióticas" ni a "las fuerzas monárquicas, coloniales, arcaicas" (Rama 93). La "tercera fuerza heterogénea" está representada por la barbarie, la cultura rural y marginada que expresa su rechazo a la cultura urbana dominante. Para Rama, la rebelión de los yagunzos es la lucha entre lo urbano y lo rural en la que los habitantes de las zonas alejadas constituyen un obstáculo para los gobiernos en tanto que ocupan tierras que "no merecen". La incapacidad de la República por desarrollar propuestas políticas, Rama sostiene, hace que los rebeldes, lejos de ser un grupo político y consciente, abarquen a todos los marginados de América Latina que aun residen bajo la amenaza constante de exterminio.

> Esta tercera fuerza no representa una fórmula republicana, son antiprogresistas, ni siquiera representan a la monarquía ni estaban al servicio de ella,

> como se pensaba en la época.Simplemente están en defensa de su situación, porque están siendo masacrados en el proceso de desarrollo del progresismo abstracto de la época. (Rama 98)

Dentro de este esquema, vale la comparación de los yagunzos con los *Homines Sacri* de la antigua Roma, quienes vivían excluidos de la comunidad, y a quienes cualquier sujeto podía quitarles la vida con absoluta impunidad. Sin embargo, el drama de los yagunzos no terminaría allí, en la exclusión, pues a pesar de su condición humana, la ausencia de protección jurídica y vulnerable existencia, su destino final podía resultar en su extinción. Aunque, paradójicamente, para Giorgio Agamben, estar excluido de la ley no debe ser interpretado como estar fuera de ella, considerando que cuando la ley rechaza y abandona al individuo, ello mismo significa que reconoce su existencia dentro del sistema jurídico mediante su exclusión. Agamben destaca además, el uso contradictorio de la palabra "sagrado" al referirse a los seres más despreciables, aun cuando su semántica se incline más a su opuesto. Ello no debía de extrañarnos si tomamos en cuenta el uso irónico de nombres y rituales que en el contexto de la cultura romana se exponen, a partir de lo que es posible ilustrar la práctica del *memento mori.* Cabe agregar que las leyes romanas demuestran que el sacrificio era también una suerte de castigo ritual distinta, obviamente a la pena de muerte, considerando que "La vida insacrificable y a la que, sin embargo, puede darse muerte, es la vida sagrada" (*Homo sacer* 82). La prohibición, sin embargo, no constituye únicamente el castigo impuesto por la comunidad a un individuo, sino además una manera en que ella misma funda su propia identidad mediante la exclusión y aislamiento de ciertos integrantes de un grupo. Los yagunzos personifican estos denominados *Homines sacri,* reconocidos por el estado solo en tanto le es necesario reafirmar su identidad. No obstante, lo notable en *La guerra del fin del mundo,* es la transformación de los *Homines sacri,* quienes obtienen una nueva identidad al entrar en Canudos desafiando así la suerte de continuar una vida nuda. El yagunzo, de igual manera que el *Homo sacer,* es un ser humano legalmente muerto, privado de toda categoría jurídica concreta, pero biológicamente vivo. Cuando la multitud de vagabundos, criminales y pobres redimidos por el Consejero entran en Canudos y se auto denominan como yagunzos, manifiestan en realidad su deseo de pertenecer a las estructuras socio-políticas que constantemente los rechazaban como miembros. A criterio de Patricia Montenegro "Los yagunzos están en el interior de Canudos que representa el exterior de la República; cambiando de posición, Canudos está en el exterior si se habla desde la República como interior" (315–316). De lo ya señalado, la evidencia indica lo contrario, los yagunzos conforman el exterior antes de ingresar en Canudos pero luego de su adhesión al denominado grupo de yagunzos ingresan al interior de la República. Cabe destacar que las guerras entre los rebeldes y el gobierno empiezan sólo cuando los primeros se vuelven visibles al segundo. La diferencia entonces entre el *homo* sacer y el yagunzo consiste en que en el primer caso el soberano, al incluirlo dentro de su sistema jurídico, también lo excluye mediante su expulsión, mientras que en el segundo caso, el individuo expulsado reclama su derecho de inclusión recurriendo a la insurrección armada. El yagunzo es el individuo subalterno a quien se refiere Walter Mignolo en su *Coloniality of power and subalternity*, sujeto que según su criterio, es un excluido de la maquinaria del poder en tanto que solo sirve como accesorio en un orden que no lo determina. El *homo sacer* constituye la subalternidad desde donde expresa su deseo de incorporarse al ente de control estatal, por lo que eventualmente se organiza en rebelión. Los insurrectos de esta manera, luego de suspender las leyes, diseñan un sistema de vida a su propia medida, mientras, la República anuncia el estado de excepción, además de iniciar un método de inclusión simbólica que paradójicamente los excluye, significando esto, su destrucción total.

En la novela, el ideario de una política intolerante a una alternativa que no fuera la República como futuro para el Brasil, está representada por el Coronel Moreira César, de quien se aprende que en el nuevo sistema político, el gobierno impondría la prohibición y se serviría de chivos expiatorios como medida para reafirmar su inexorabilidad. Esto lo corrobora el Coronel, quien en una conversación con el Barón de Cañabrava expresa lo siguiente: "la República está obligada a defenderse de quienes, por codicia, fanatismo, ignorancia o engaño atentan contra ella y sirven los apetitos de una casta retrógrada, interesada en mantener el Brasil en el atraso para explotarlo mejor" (*La guerra* 372). Ello explica que esta urgencia política de la República surge de la obligación de autoafirmación ejecutando una masacre total con conocimiento de causa, dado que el estado no asumiría ninguna responsabilidad política luego de extinguir a los yagunzos. Esta idea de "progreso", proveniente de las políticas liberales de la segunda mitad del siglo XIX, sobre cuyas bases se funda la política latinoamericana que habría de desmoronarse hacia finales del siglo XX y principios del XXI. Reflejo de ello es en efecto, la versión "oficial" de la historia que se ha venido contando sobre el continente latinoamericano, la de gobiernos que luchan contra tendencias retrógradas que se niegan a ser desposeídas en función de un "patriotismo del Olimpo". Esto no es fortuito y no deja de ser interesante cuando se observa que aún en la actualidad este discurso es reproducido por los gobiernos, ahora neoliberales, que luchan contra las ideas "antiprogresistas" del conservadurismo y el nacionalismo frente a la globalización. Este no es el caso de los rebeldes, cuya insurrección en la novela, no es más que un esfuerzo desesperado por denunciar a todos quienes se habrían beneficiado del sacrificio de los desposeídos. Por eso, a los rebeldes no les importa el cambio político puesto que su condición social sigue manteniéndose inalterada sea cual fuere el condicionamiento político-social. Para el Consejero, las siguientes interrogantes delinean la existencia de los yagunzos en los ámbitos tanto republicano como el monárquico,

> ¿Qué había cambiado para ellos aparte de algunos nombres?¿No era este paisaje de tierra reseca y cielo plúmbeo el de siempre? Y a pesar de haber pasado varios años de la sequía, ¿no continuaba la región curando sus heridas, llorando a sus muertos, tratando de resucitar los bienes perdidos? ¿Qué había cambiado ahora que había Presidente en vez de emperador en la atormentada tierra del norte? (47)

En *La idea de América Latina* Walter Mignolo examina los antecedentes históricos que llevaron a la formación de las repúblicas para interpretar la actitud de rebelión hacia cualquier plataforma política por parte de movimientos sociales conformados por sectores marginales. Afirma que cuando los criollos dejaron de ser un grupo subordinado y se convirtieron en una élite dominante, reemplazaron su modelo político por el de la República de Francia. Y añade que por esta razón, en vez de dedicarse al análisis de su propia realidad, eligieron imitar la intelectualidad de Europa, imaginando que las historias locales podrían reformarse siguiendo el ejemplo de Francia e Inglaterra. Según Mignolo, la sustitución de los modelos políticos de España y de Portugal por la República de Francia hizo perpetuar la dependencia de América Latina. Y esta reestructuración de dependencia engendró luego los movimientos sociales encabezados por los descendientes de indígenas y africanos.

> En el siglo XIX, la «idea» de América Latina tomó forma en el movimiento de las instituciones imperiales para obtener el control de los significado y del dinero, al amparo de una élite criolla deseosa de cortar el cordón umbilical con la Península Ibérica y unirse a los imperios emergentes. Sin embargo, mientras que la vida y las instituciones de los europeos se configuraban en torno de la división de clases, en las colonias la vida y las instituciones seguían respondiendo al racismo. Y esto es cierto no solo para las colonias francesas e inglesas sino también para las nuevas naciones, en apariencia independientes, que comenzaban a identificarse como Estado-nación «latinoamericanos». (111)

Los yagunzos son entonces, sujetos resultantes de este sistema cultural de modo que sus atrocidades contra el ejército del gobierno no han de interpretarse como una guerra del interior con el exterior, sino como expresión de una frustración acumulada a lo largo de la historia. No obstante, aún después de la guerra, la displicencia histórica continúa en vigencia, sin que se llegue a entender el sentido de aquellas muertes. El Barón de Cañabrava, ejemplifica el torpor y envilecimiento de quienes recurren a la violencia sistémica con el fin de mantener el *estatus quo*, a pesar de los discursos civilizatorios dirigidos hacia la sociedad brasileña. El enfoque del Barón, es también el del criollo, para quien era menester reordenar la sociedad sin retroceder en sus ya logrados privilegios, a más de que su conciencia sobre el entorno social es por lo menos indolente. Caso palpable es que el Barón nunca se da cuenta del porqué alguna vez fue blanco del saqueo perpetrado por los yagunzos.

Brown ilustra esta actitud contradictoria destacando que "en vez de ser representativo de su rechazo al compromiso ideológico, llega a ser símbolo de la inhabilidad del Barón de comprometerse con la lucha contra la violencia y la matanza de la ideología" (396). En el Barón confluyen las diversas formas de violencia inherente al sistema, no sólo la impetuosidad física directa, sino, además, sútiles formas de restricción que imponen relaciones de dominación y explotación. En su despreocupada inocencia, el Barón entendía la catastrófica destrucción de los yagunzos como algo surgido de la nada. Lo que no comprendía ni quiso entender era que bajo estas formas de violencia, el Barón recibía de manera invertida el mismo mensaje que había enviado. Tal así que ante la interrogante del periodista, el Barón responde con notable indiferencia: "¿Cómo se va a saber entonces la historia de Canudos?", "[...] lo mejor es olvidarla. No vale la pena perder el tiempo con ella" (395). Invisibilizar por lo tanto aquellas verdades inconvenientes confinándolas a los rincones más recónditos de la memoria, reclasificando sus datos a conveniencia a la hora de relatar y recordar es característica notoria de la historia oficial. Para Bernucci, esta sociedad donde la ideología dominante se resume como una "dicotomía entre ruptura y restablecimiento del orden" (376) es un mundo típicamente feudal: "Agresión/ maldad y venganza/ conversión son el epítome de la Edad Media representado en esas historias donde el deseo del restablecimiento del orden es condición sine qua non del vivir de esos personajes" (377).

La multitud desamparada de este mundo feudal responde fervorosamente a la promesa de resurrección que en tono mesiánico proclama su líder, quien logra desviar a la multitud de la cruda realidad, haciéndola huir de ella en lugar de cambiarla, creando un mundo aparte compuesto por la fantasía y la fe ciega. Al poner a la colectividad bajo su tutela, controlando su existencia, la utopía garantizada por el Consejero se contradice y delata a sí misma al verse determinada por sus propios límites. Lo que oculta es el miedo al mundo desconocido, a los cambios inminentes y con ello les provee otro tipo de servidumbre en nombre de la emancipación tal como lo señala el mismo escritor de la novela: "La utopía representa una inconsciente nostalgia de esclavitud, de regreso a ese estado de total entrega y sumisión, de falta de responsabilidad, que para muchos es también una felicidad y que encarna la sociedad primitiva" (*La verdad de las mentiras* 92). Así, una vez muerto el Consejero, sus adeptos temen, sobre todo, que la multitud abandone su estado de alucinación lo que hace suponer que el líder no se define exclusivamente por sus cualidades reales. Su función reside más en su capacidad de transferencia, de imponer otro tipo de dependencia en sus partidarios, quienes debían creer que su líder restauraría la justicia y fundaría en la tierra el paraíso anhelado. Ejemplo es cuando Beatito ve el excremento saliendo del cuerpo del Consejero moribundo, a los que cree son óbolos, por lo que se los lleva a la boca: "¿Es así como quieres que comulgue tu siervo, Padre? ¿No es esto para mí rocío?" (*La guerra* 829). Esta obsesión hace patente que detrás de la utopía yace la fascinación por la servidumbre, el miedo de asumir aquella soberanía individual que nace del ejercicio pleno de la libertad.

Además de la dependencia a un individuo, la utopía de los yagunzos gira alrededor de un pasado cuya sociedad era el ideal de vida a pesar de haber sido destruida por la invasión de otro orden social. Pero a pesar de no compartir la monarquía brasileña ninguna característica con ese mundo idealizado, los yagunzos ven necesario inventarse uno a modo de negar el presente. Ello impulsa la funcionalización de la monarquía, ya sea que estuviera enmarcada dentro de la doctrina cristiana del paraíso perdido.

Los rebeldes atribuyen la desaparición del paraíso pretérito a la instauración de la República, a la que imputan todos los males de la sociedad brasileña de la época. Si a esto agregamos que el rechazo al presente por un liderazgo evangélico surge como forma de afirmación del pasado, podremos inferir que su rebelión es en realidad una contrarrevolución. Al refutar toda posibilidad de negociación con su contrincante, el fanatismo religioso demuestra su incapacidad para alterar los fundamentos económicos de los republicanos y su renuncia a cambiar las causas del desequilibrio social. Este sueño utópico, cuya condición principal es ante todo la eliminación de su contrario, muestra cierta reminiscencia del holocausto durante la Segunda Guerra Mundial. En *The Pursuit of the Millennium* (1993), Cohn plantea que la deformación social y el desasosiego, por un lado, y la exaltación milenaria, por otro, se agregan, dadas las condiciones en que algún sector de la población empobrecida llega a encontrarse con algún profeta cuya promesa es la salvación, avivando así el deseo de renacimiento en una comunidad futura colmada de pureza y candidez a costa del aniquilamiento del enemigo que serviría como "cabeza de turco" como representación de todos los males de la sociedad. Cohen opina sobre el utopismo antisemita nazi: "una masacre final, apocalíptica. Los agentes del mal—identificados variadamente con los judíos, el clero o los ricos—debían ser exterminados; después de lo cual los Santos—estos es, los pobres en cuestión—erigirían su reino, un dominio sin sufrimiento ni pecado" (14–15).

Para los nazis, la primera condición para llevar a cabo esta política sucedió una vez que las formas tradicionales de organización y de sentido de la sociedad se vieron desafiadas por la creciente hegemonía del secularismo, el liberalismo, el socialismo y la industrialización. La población percibía aquellos cambios como señales de caos general que amenazaba hasta las mismas bases de la identidad nacional, de modo que fue fácil ajustar su frustración a la promesa de recuperación de la armonía perdida. En base a esta percepción general, Hitler pudo persuadir a los alemanes de mirar a los judíos como contrafiguras de su ideario utópico. La eliminación de esta anti-figura constituyó en última instancia el remedio que curaría todos los males de Alemania. Destruir el Mal fue en suma para el nazismo una consecuencia de la aplicación del concepto del Bien, lo que quiere decir que una vez eliminadas de raíz las fuerzas del mal sería posible la edificación de la muy ansiada utopía. De ello cabe afirmar que en todo conflicto es fácil detectar la tendencia a encontrar un "chivo expiatorio" en quien depositar todos los males sufridos, una especie de entidad en donde se tiende a resumir el concepto del mal.

El nazismo en su más amplia percepción, tipifica el sentimiento de antipatía y actos de brutalidad por parte de los yagunzos contra la República, dada la incapacidad de los monárquicos, los tradicionalistas y la Iglesia por evadirse de responsabilidad por la represión contra los trabajadores rurales. De igual manera, manipulados por el Consejero, los yagunzos mantienen la fe en la salvación mediante la destrucción del enemigo, sobre cuyas bases construirían su utopía. Pero dicha utopía es una fantasía colectiva que puede mantenerse únicamente si el caos persistente es atribuido a un agente concreto—en este caso obviamente la República—lo que implicaría que la realización de la utopía

Capítulo 6

El miedo de saber la verdad en *Cambio de armas* y *Realidad nacional desde la cama* de Luisa Valenzuela

Cambio de armas (1982) y *Realidad nacional desde la cama* (1990) de la escritora argentina Luisa Valenzuela, retratan la vida de dos mujeres en conflicto con un pasado nebuloso, que desarrolla en ellas, un extraña actitud de evasión: un miedo que de manera misteriosa domina sus vidas, una especie de exilio indefinido, además de una autocensura de la que ellas no logran percatarse. A pesar de su énfasis personal, los textos están metafórica e ideológicamente contextualizados en torno a la dictadura militar argentina, motivo que insta a Valenzuela a manifestar su profunda preocupación por la virulenta expansión de la violencia a todos los ámbitos de la vida cotidiana.

Mi aproximación a estos textos es comparativa, dado que un balance de los dos textos, nos permite apreciar aquello que los dos comparten como el tema de la violencia, el de la amnesia y el del temor por descubrir el origen de unpasado incógnito. Las mujeres en ambas novelas por ejemplo, coinciden en la percepción de miradas vigilantes que parecen conocer sobre sus padecimientos, y que por razones inexplicables boicoteansu esclarecimiento. Otro factor en común es la autocensura producto del trauma experimentado por ambas durante la dictadura militar en Argentina.

El miedo de las dos mujeres hace eco también del temor a desenterrar la verdad de una época infame por parte de Luisa Valenzuela, que como lo expresa ella misma, ha sido parte de su experiencia a lo largo de los años en el ejercicio de la escritura. El acto de la escritura puede constituir en estos casos, una herramienta eficaz en la interpretación de estados psicológicos (vacíos mentales), que en estas dos novelas se manifiesta por el temor de los personajes a encarar la verdad. Vemos en estos textos que a diario se presentan sucesos absurdos, ante los cuales, las protagonistas reaccionan con total negación y desapego, que en lugar de escrutar sus orígenes, reordenan los hechos a su manera. Paralelamente, la indagación histórica de la dictadura, que para los escritores de esta época, presentan el vacío de la verdad; una verdad muda y reticente, intensificada por las limitaciones del lenguaje y las pretensiones políticas e ideológicas que usualmente acompañan sus enunciados, puede también servirse del material lingüístico en su interpretación. Este reconocimiento por parte de los escritores de la dictadura, hace de la escritura una especie de panacea, mediante la cual, los personajes afectados por la violencia ya sea de carácter político como lo fue la dictadura militar argentina, o personal, pueden encontrar el equilibrio psíquico y emocionalnecesarios para su recuperación.

En este capítulo espero dilucidar la importancia de la narrativa escrita en la resolución de casos traumáticos, que en la escritura se manifiesta la dificultad de nombrar con palabras las experiencias sufridas por los personajes de las dos novelas como consecuencia de la represión militar. Veremos que tanto Laura en *Cambio de armas* como la Señora en *Realidad nacional desde la cama,* transgreden su enajenamiento mediante el reconocimiento de su propia alienación, lo que genera un cambio de estado psíquico que les permite reconciliarse con el lenguaje cotidiano y resolver los antagonismos generados por el trauma. Esto sucede mediante la reordenación de eventos en una sucesión cronológica, que en el contexto de la narrativa posterior a la dictadura militar argentina, deja nuevas interrogantes qué contestar y resolver. Es por tanto, preciso abordar determinados momentos históricos en su estado de disociación de la verdad, por cuanto la verdad lacaniana no existe, sino como atributo observable precisamente a partir de su evasión. Luisa Valenzuela ha comentado que su preocupación fundamental en la literatura es el tema del lenguaje: la verdad que puede ser hablada y la verdad que no puede ser mencionada aunque es necesario saber de su existencia.

> [L]o que me interesaba allí también era lo inefable, lo que no puede ser dicho. O sea, es un trabajo, en distintos niveles, en distintas situaciones, de aquello que uno no puede decir, ni el autor puede decir, ni la persona que lo está viendo decir, ni el lenguaje permite decirlo, ni nada. Y entonces, tiene que poder ser dicho en algún momento. Y eso está en todos los cuentos de *Cambio de armas*. (Cordones-Cook 125)

El acto de narrar, como indica Valenzuela, bloquea esta paradoja, al describir un proceso en que primero aparece el objeto para luego perderse. La conclusión que puede extraerse de esta sincronía absoluta, no es la ausencia de historia, puesto que todo existe de por sí, sino la de que ella surge sólo cuando la percibimos como el objeto extraviado al que es preciso recuperar. Las dos novelas evidencian la necesidad de motivar a las protagonistas a indagar en el origen de su comportamiento evasivo ante los enigmas que dominan su pasado. Este proceso se observa en ambas novelas en el marco de la relación entre el psicoanalista y su paciente, quien sin presiones va desde un estado de falsa conciencia, hacia uno de conformidad genuina con su pasado. El resultado, no es la extracción absoluta de la verdad en términos científicos, sino, el de una verdad construida en base a las necesidades íntimas de los personajes, que en el caso de las dos novelas se manifiesta en estados oníricos y de evasión de la realidad.

Cambio de armas

En su inicio, la novela, describe el estado de enajenación de Laura, una mujer recluida en su habitación a la que parece no perturbarle su amnesia, ni la necesidad de recuperar su pasado, que a ella le parece "para nada angustiante" (*Cambio de armas* 115). Roque, de quien luego sabemos fue pieza principal en el trauma presente de Laura, se ufana por indagar en ese pasado turbio, y a medida que progresa la narrativa, nos enteramos que fue blanco de un intento fracasado de asesinato por parte de Laura. De la relación entre Laura y Roque inferimos que la protagonista cree, aunque bajo un manto de misterio, que son esposos, a pesar de las visitas fortuitas de "Roque" al apartamento donde Laura es sometida a actos sexuales ambiguos que involucran el engaño, la violencia y la seducción. Otro dato revelador es que su supuesto esposo Roque prolonga el estado amnésico de Laura a fuerza de soporíferos que provocan en ella sensaciones de delirio y ofuscación. Ejemplo de su ensimismamiento, es la foto de recién casados, donde se muestra a una Laura distorsionada por el velo que le oculta el rostro, y que a la vez expone los atropellos en una unión perversa, la del rostro moreteado detrás del velo y la de la confusión de Laura representada por la imagen de una boda saturada de incógnitas.

En tanto el nexo entre Laura y Roque se sostiene sobre el doble registro del engaño: Laura no puede entender los exabruptos que sobre ella ejerce Roque ni este elemento de violencia como continuidad de su experiencia pasada con la tortura (al parecer, Laura fue víctima de la venganza de Roque por haberlo querido asesinar). Es así que el sufrimiento individual de Laura es tan ambiguo como lo es el interrogatorio al que es sometida con violencia erotizada que dolorosamente se confunde con el placer que evoca la intimidad de la habitación.

> Ese grito como si él le estuviera retorciendo el brazo hasta rompérselo, como si le estuviera pateando la cabeza. Abrí los ojos, cantá, decime quién te manda, quién te dio la orden, y ella grita un *no* tan intenso, tan profundo que no resuena para nada en el ámbito donde se encuentran y él no alcanza a oírlo. (123–124)

El sometimiento de Laura a las humillantes demandas sexuales de Roque, pueden interpretarse como un acto de evasión ante el miedo a revivir la dura experiencia de la tortura y la violación; por lo que el horror a la elucidación de esta verdad, domina sobre su esclarecimiento mediante la negación presente de que lo que sufre en manos de Roque es algo distinto. Por ello, Laura accede a actos degradantes como aquel en el que Roque la insta a mirarse al espejo del techado, colocado allí estratégicamente para satisfacer el voyerismo de terceros, que con pleno conocimiento de Laura, permanecen detrás de la puerta de la estancia aparentemente matrimonial.

El vínculo entre Laura y Roque puede reducirse, como lo define Dölz-Blackburn a "una relación en que la palabra ha desaparecido, ya que ésta funciona a través del silencio" (26). Sin embargo, Laura (a pesar de su autocensura), no puede evitar confrontar imágenes evocadoras de su angustioso pasado: nariz fracturada, cicatriz en la espalda, que la llevan a pensar que lo más temible para ella, no es la falta de memoria, sino su recuperación, hecho que marcaría la destrucción de su frágil estabilidad con Roque. Ello explica por qué, en ocasiones, prefiere sumergirse en "el pozo interior", el único refugio que Laura afirma, le pertenece. Este "pozo", sugiere el vacío histórico de la dictadura, al que sus víctimas no pueden nombrar, pero que sin embargo, llega a formar parte integral de una falsa estabilidad emocional.

En el ámbito psicoanalítico, la fuga de la imagen propia, es un fenómeno similar a la del niño en la fase del espejo, en el que, ante la contemplación de su imagen, el sujeto adquiere una sensación inicial de unidad e identidad. Sin embargo, al percatarse de la existencia de discrepancias entre esta nueva unidad y su cuerpo material, además de que la imagen del espejo no representa su condición real, el niño encuentra en ella su propia alienación. La enajenación del sujeto en la fase del espejo es entonces, el descubrimiento de que la imagen en la que él se reconoce se construye siempre alrededor de un extraño, por lo que, siempre termina edificando una identidad en torno a otro imaginario.

> Es que la forma total del cuerpo, gracias a la cual el sujeto se adelanta en un espejismo a la maduración de su poder, no le es dada sino como *Gestalt*, es decir en una exterioridad donde sin duda esa forma es más constituyente que construida, pero donde sobre todo le aparece en un relieve de estatura que la coagula y bajo una simetría que la invierte, en oposición a la turbulencia de movimientos con que se experimenta a sí mismo animándola. Por esos dos aspectos de su aparición simboliza la permanencia mental del yo [je] al mismo tiempo que prefigure su destinación enajenadora. (*Écrtis* 2)

La condición letárgica de Laura aunada a la apatía por esclarecer las claves del pasado, de antemano inexorable, en tanto opta por mantener un vínculo falaz con su verdugo, se traduce a la ausencia de lenguaje o quizás a la imposibilidad de nombrar lo innombrable.

Lorente-Murphy interpreta la ausencia de lenguaje en Laura como "el producto de la reducción de las múltiples dimensiones de la persona a una sola: la materialidad más radical de su cuerpo" (119). Esta circunstancia en la que el victimario despoja violentamente a la víctima de toda capacidad de identificarse con su propio padecimiento, es comparable a la de los musulmanes mencionados por Giorgio Agamben, en su análisis *Remnants of Auschwitz* (1999), cuyos sobrevivientes aseguraban en sus testimonios, que la razón porque los nazis designaban con el término "musulmán" a los prisioneros de los campos de concentración, era por su apariencia árabe que los delataba en rituales de oración, más no porque aquellos gestos de inclinación aparentemente religiosos, respondieran al hambre y la enfermedad. En esta coyuntura, según Agamben, los musulmanes no reaccionaban a los ataques físicos de sus agresores debido a su condición de prisioneros que les había condenado al hambre y la inanición. Ello explica el hecho de que sus captores interpretaran su comportamiento como correspondiente a características innatas de su origen. De la misma manera que Roque somete a Laura a la represión de su individualidad, en el caso de los prisioneros descritos por Agamben, sus verdugos actuaban de manera tal que los cautivos no mostraran señal alguna de individualidad. La deshumanización de los prisioneros, reducidos a una expresión netamente corporal por tanto demuestra el carácter perverso de tal degradación, que puntualmente justicaba su exterminio. De igual manera, Laura en *Cambio de armas*, a más de no percatarse del saqueo de su personalidad por parte de Roque, accede de cierto modo al exterminio de la palabra. Agamben opina al respecto que, debido a esta condición extrema, es imposible interpretar o reproducir fielmente la situación del musulmán, por lo que cualquier intento por determinarlo en el lenguaje común, tiende a fracasar. Así, al constituirse el musulmán en una reducción radical del ser humano a la condición de extinto, no significa que se posiciona fuera del lenguaje, sino, más bien, que tipifica la ausencia de lenguaje. Por ello, la paradoja arrojada por los testimonios sobre sobrevivientes de guerra, es que sus testimonios carecen de credibilidad absoluta, puesto que los verdaderos testigos no están vivos para narrar sus experiencias. Para Agamben, la lengua del testimonio es, por tanto, la lengua de la imposibilidad, una lengua que hoy por hoy, carece de significado.

> La lengua del testimonio es una lengua que ya no significa, pero que, en ese su no significar, se adentra en lo sin lengua hasta recoger otra insignificancia, la del testigo integral, la del que no puede prestar testimonio. [...] O, por decirlo de otra manera, la imposibilidad de testimoniar, la "lengua" que constituye la lengua humana, se desploma sobre ella misma para dar paso a otra imposibilidad de testimoniar: la del que no tiene lengua. (*Remnants of Auschwits* 39)

El punto crítico de *Cambio de armas* se halla entonces en esta imposibilidad de la palabra de transmitir en esencia la naturaleza del sufrimiento del sujeto, en este caso, el de Laura. Ello explica la incredulidad de muchos al escuchar los testimonios de sobrevivientes de abusos y torturas durante las dictaduras militares en Latinoamérica y otras partes del mundo, a quienes se los tacha de exagerados y/o mentirosos.

El cuerpo de Laura personifica esa imposibilidad de reproducir no solamente su pasado sino también la memoria colectiva. La memoria de esta mujer "sin tiempo ni espacio" (Rojas-Trempe 81) retorna paradójicamente cuando su verdugo decide dejarla en libertad; o sea, en el momento en que un hecho real como la posibilidad de un golpe militar, del cual Roque huye, adquiere significado. Cuando Laura levanta el revólver y apunta, evocando así el título de la novela *Cambio de armas,* ella transita desde un estado ilusorio a uno de recuperación del sentido de las cosas; porque lo que constituía un vacío de las palabras ingresa al ámbito de lo simbólico en el que deja de verse ante el espejo como cuerpo distorsionado. El revólver, signo que le que da estabilidad a su existencia, al igual que la lengua, nos libera y margina al mismo tiempo. En esta novela, el revólver registra dos significados contrastantes: el del pasado incógnito, porque brota de un evento histórico vivido al margen del sistema simbólico que es la censura, y también el de su salvación y dignidad en medio del caos y la violencia de su país. La entrada a lo simbólico en este contexto, debe entenderse, como la dualidad del símbolo manifiesto en la conexión del pasado con el presente y la transición de la imagen a las palabras. En resumidas cuentas, Laura termina identificándose con el revólver porque no sólo porque no tiene memoria de su pasado, sino también porque todos sus intentos por adquirir su identidad mediante la identificación con su alter ego, la mujer de la foto—el recuerdo impuesto por Roque—fracasan.

Realidad nacional desde la cama

Esta novela tiene como personaje central a una mujer anónima, a quien Luisa Valenzuela se refiere a lo largo de la narrativa como "Señora". Dicha mujer, está de regreso a su país de origen, luego de diez años de exilio en Nueva York, esperando reescribir su historia personal y pública. Como para contrarrestar el impacto de la diáspora, es invitada a ocupar la casa de campo de una amiga, donde una vez instalada, se muestra impotente ante la presencia de personajes extraños que la atosigan y le insisten en fiarse únicamente de los discursos gubernamentales. El escenario de la novela parece complementar este cuadro de aislamiento y abandono, similar a aquel evocado por *Cambio de armas,* en el que el ámbito interior, una cama en el centro de la habitación, una televisión grande a su derecha, contrasta claramente con uno externo, los terrenos extensos de un club campestre a la izquierda, tras un gran ventanal. Curiosamente, las áreas de los terrenos están nominadas como de "este lado" y del "otro lado", correspondiendo el primero, al club campestre utilizado como base militar, mientras en el "otro lado", más allá de la alambrada, está "el país", que en jerga de la empleada que tiende las necesidades de la Señora, es un "gallinero humano". Mientras, en la habitación, varios personajes entran y salen libremente, en tanto que la protagonista yace la mayor parte del tiempo acostada en la cama con los ojos tapados.

La actitud contradictoria de la mujer en el texto—quiere recuperar la memoria pero no lo procura—sirve en la novela como mecanismo para mostrar una realidad más profunda mediante el uso de la imagen de la cama. La actitud letárgica de la mujer, como Laura de *Cambio de armas,* responde a un miedo subconsciente a desentrañar un pasado entendido como consecuencia justamente de las incongruencias que la hacen dudar del entorno cuasi-real. En ambas novelas, como señala Anderson, "la cama se convierte en una metáfora del desamparo, de la negación de lo que representa la casa/cama como lugar que abriga nuestra memoria, nuestra intimidad y nuestra colectividad" (Anderson 113).

En este estado casi onírico ocurren situaciones absurdas como aquella en que la mucama no solamente desobedece las órdenes de la Señora, sino que además le cobra cada vez más dinero por la comida servida, so pretexto de la hiperinflación, en tanto que en otra ocasión, algunos soldados entran en su habitación sin permiso previo y se meten en su cama. Arrastrada por el vendaval de sucesos incomprensibles, la mujer empieza a reflexionar sobre el pasado y el presente borroso en su memoria durante los últimos años. Tal sí, que en cierto momento, resuelve dejar de actuar, evadiendo así hacerle frente a las interrogantes que se le presentan de manera absurda. El cuadro incógnito que ante la mujer se impone como una señal de socorro al inminente peligro de la aniquilación simbólica, elude su percepción como posponiendo la llegada inevitable de la destrucción:

> Al mirar piensa que lo que ve la compromete, y cierra los ojos, apretados, pero el cerrar, el tratar de ignorar lo inignorable, aquello que está ocurriendo bajo sus propias narices, a su cabecera como quien dice, no es más que una pantalla fina que de nada la protege. Todo lo contrario. Más vale mirar y ver cuándo llega el golpe: el saldo. (*La realidad* 40)

El escenario irreconocible del país que había dejado la Señora durante su exilio, hace que no comprenda los sucesos extraños e ilógicos que llegaron a formar parte de la realidad nacional a su retorno, de tal forma que en su interior medita, "La situación nacional está muy rara, muy cambiada. Sé que no es fácil volver al país después de diez años de ausencia, pero no me esperaba esto" (46). Un suceso absurdo, pero ordinario para los demás, es aquel en que la mucama le prohíbe a la protagonista ver "los avatares más allá de los límites del club" (34), pues según la criada el "otro lado" cuyos otros nombres son "el país" y "la realidad" amenaza la frágil paz de "este lado" que protegen los soldados. Añade además que los del "país" insultan y se burlan de los de "este lado" imitando de manera grotesca las disciplinas militares, como cuando los soldados desfilan en el césped, o las mujeres del "otro lado" imitan la marcha, con sus escobas como si fueran fusiles (59). La mucama llega a insistirle a la Señora que no piense ni crea lo que pasa en el "otro lado" porque la única realidad está dentro de la alambrada y en los programas que pasan por televisión. Ante tal instrucción, la Señora reacciona con la perplejidad del caso, discurriendo sobre la verdadera identidad de su país, pero sin dejar de interrogarse sobre "el otro lado". Pero, pese a los impedimentos expuestos por María, indicios desde el otro lado empiezan a infiltrarse progresivamente en la habitación, como el de un joven conscripto de dieciocho años, quien, luego de colarse por la ventana, se esconde debajo de la cama. Desde entonces, aparecen manos debajo de la cama de la protagonista, que roban la comida que le lleva la mucama. Estos eventos irreales que van invadiendo el ambiente, pueden ser interpretados como lo real lacaniano, mientras que las órdenes del Vento Mayor que le obliga a la Señora a creer solamente las imágenes de la televisión aluden a lo simbólico, cuya función concuerda con el manual de la dirección del ejército norteamericano. Lo real lacaniano, no es aquello que penetra desde fuera y provoca conmoción, pues es un dominio completamente inherente a lo simbólico.

> Si la realidad constituye la parte de la objetividad construida simbólicamente y soportada fantasmáticamente, lo real también pertenece al nivel objetivo, es lo que excede a la porción domesticada de lo objetivo. Es justamente lo que explica el fracaso de toda representación simbólica de la realidad objetiva. (Stavrakakis 107–108)

Es decir, el soldado hambriento representa el lado oscuro de la propaganda de la dictadura que revela el fracaso de un sistema corrupto. Dicho sistema obedece a una falla fundamental de la cúpula militar que cree ser la única en capacidad de transformar el país con la imposición de sus discursos. Tal así que ante cualquier maniobra ineficaz, busca un chivo expiatorio quien será el depositario de todas las dificultades del sistema. El Mayor Vento corrobora este señalamiento al enunciar que "todo disturbio acá proviene de la izquierda", ante lo que jura tomar medidas para eliminar a todos los "peligrosos saqueadores y agitadores izquierdistas que se lucran con la difícil situación social por la que atraviesa el pueblo" (64). La estrategia básica de esta afirmación consiste entonces, en desplazar el antagonismo interno a uno entre la sociedad y la izquierda, interpretada como "una verdadera lacra" (63). Así, una vez que la fuente de corrupción es localizada en la izquierda, la dictadura puede eximirse de toda responsabilidad. No obstante, nos percatamos aquí de que la izquierda se sirve de los mismos medios utilizados por el régimen dictatorial con fines similares, pues, la función de la izquierda es disimular sus incongruencias para justificar sus propios fallos. Por ello no basta con calificar el proyecto totalitario de imposible, utópico, deseoso de establecer un país totalmente transparente y homogéneo como las imágenes pacíficas transmitidas por la televisión. El problema radica en que, en cierto modo, la dictadura militar sabe que su propio sistema está estructurado como una lucha contra la imposibilidad inmanente en su propia doctrina. Los militares reiteran que la izquierda genera el desorden, la descomposición y la corrupción en la sociedad por lo que sólo su eliminación podría restaurar la identidad, el orden y la estabilidad. Pero la realidad es que no existe ente alguno capaz de asumir toda la responsabilidad de una sociedad y por ello, es necesario reconocer que las recriminaciones dirigidas a la izquierda son el producto de la misma dictadura militar.

En medio de este escenario caótico, la Señora no tarda en darse cuenta que el lugar donde se halla, no es un típico club campestre, sino más bien "un hospital" (8) en que hasta "el tiempo es otro tiempo, está detenido y no guarda relación alguna con la febril actividad de las insinuadas sombras" (23). De la conversación que la mujer mantiene con Alfredi, se descubre que se trata de un psiquiatra quien a lo largo del diálogo le aclara que la situación en la que se encuentra, no es real sino soñada: "le hace saber que a lo simbólico sólo puede accederse a través de lo imaginario. Los sueños son la vía real del inconsciente, le dice" (89). Así, López-Calvo corrobora que "la pasividad de la señora del relato de Luisa Valenzuela es únicamente física y transitoria; su mente se mantiene activa buceando en la memoria para recomponer todas las piezas desordenadas" (293). Entendiendo la situación dada a la Señora como una especie del tratamiento psicoterapéutico, podemos observar que esta terapia no se basa en el método típico que pretende ser un remedio perfecto capaz de curar todos los problemas, sino, por el contrario, de aceptar el desasosiego y la inquietud de la pesadilla como partes inherentes de su realidad.

Es por esta razón que en el progreso terapéutico, la función del analista—Alfredi—es de suma importancia, dado que es el agente quien organiza la transferencia en la que el paciente imagina que su psiquiatra tiene la solución a todos los problemas, a pesar de que su única contribución es ayudarle a reconstruir y reorganizar su historia.

En la novela Alfredi exhibe tres identidades distintas, una como taxista, otra como médico y una última como psiquiatra. Estas profesiones consisten en escuchar y dialogar con los demás: Alfredi taxista se queja tanto de sus pasajeros que le piden consejos al igual que como médico y psicoanalista lo hace con sus pacientes. Cuando la Señora confiesa que su problema principal es no poder moverse moralmente, Alfredi pronostica que ella sufre del "mal del sauce" que le quita la voluntad de moverse, además de que le hace bien el sólo "contemplar, recordar, de atar cabos" (49). Es a partir de aquí que la Señora ejecuta una transferencia con Alfredi asumiendo que cualquier gesto o palabra de él, le va a servir para solucionar sus problemas, pese a que el psiquiatra no hace nada más que escucharla.

Según Lacan, en la transferencia sucede un intercambio de los supuestos papeles entre el hablante y el oyente, dado que el paciente, ávido en solucionar sus problemas, termina analizándolos más que el analista. Esto hace que el paciente acepte el papel del analista de sus propios problemas sin darse cuenta de ello. Lo irónico del caso, es que dicho analista espera precisamente esto, que el paciente llegue a inferir sus síntomas, de manera que se produzca una verdadera transformación en el ámbito de lo simbólico. Sobre este tipo de transferencia entre paciente y el médico como "sujeto supuesto saber", Zizek comenta:

> Una vez que el paciente entra en análisis, tiene la misma certeza absoluta de que el analista *sabe* su secreto (lo que sólo significa que el paciente *es a priori* "culpable" de ocultar un secreto, que *hay* un significado secreto que puede

> extraerse de sus actos). El analista no es un empirista que estudia al paciente a partir de diferentes hipótesis, o que busca pruebas; por el contrario, el analista encarna la certeza absoluta (que Lacan compara con la certeza del *cogito ergo sum* de Descartes) del deseo inconsciente del paciente. (*Cómo leer a Lacan* 36–37)

De lo dicho, es posible sostener que cuando el paciente emprende el análisis, presupone que el psicoanalista conoce todo de antemano sobre él. Por eso, el paciente guarda siempre culpabilidad anticipada por temor a que el terapeuta descubra aquello que no le cuenta o sospeche que se lo está ocultando. Por esta razón, el paciente se vuelve más diligente frente a sus problemas, siempre y cuando, no exista nada concreto que el analista pueda ofrecerle. La transferencia, por lo tanto, una vez habilitada, permite al paciente reescribir y reorganizar la historia de su vida personal, dirigiéndose al analista que asume el papel de "sujeto supuesto saber". Dentro de este marco, tanto el analista como el paciente pueden constituirse en "sujeto supuesto saber" dependiendo en la etapa del análisis, de suerte que no existe ningún analista definitivo.

Preciso es señalar que durante la transferencia, el paciente se ve obligado a reconstruir historias ocultas y que debido a esta presión llega a creer que el pasado posee un significado en espera de ser descubierto, aunque es imposible llegar a una solución definitiva. A este respecto, veremos que la función de transferencia no implica la conquista de la verdad sobre los traumas reprimidos, sino, más bien, su actualización, que a la vez facilita su reencuentro y choque con ellos. Sin embargo, esto no debe ser entendido como una resignación al deseo, pues, si la terapia concluye cuando el paciente termina por aceptar la imposibilidad de solucionar el pasado, este proceso convierte al analista en la persona que "lo sabe todo"; es decir, que sentencia al paciente a la renuncia total. Ese no es el propósito del psicoanálisis; por el contrario, su fin es el de incentivar al paciente a no ceder en el deseo, porque la idea es que el paciente indague más profundamente en sus dilemas. Por consiguiente, se espera que el paciente no acepte pasivamente las prescripciones del analista; sino, que sea una pieza activa en su propio proceso de reconocimiento de los hechos que provocan el miedo; o sea, en el proceso de desmitificación del mismo.

Las dos novelas, ilustran el desconcierto y la angustia que significa el sondeo de la historia de la dictadura a través de sus personajes, no con el propósito de encontrar una solución que cure el mal del pasado, sino que, mediante el mismo proceso de escritura, se constituya en sí, una especie de terapia. Al final, el miedo es superado en tanto hay confrontación y apropiación del dolor y el sufrimiento por parte de las dos mujeres, de tal suerte que ambas novelas concluyen con un final abierto. Alfredi en *Realidad nacional desde la cama* por ejemplo, disfrazado de oficial militar, aparece de pie, frente a la televisión donde se ve la imagen de los soldados vestidos en uniforme de combate, gritando dando órdenes de parar.

> Y, por asombroso que parezca, la tropa obedece las órdenes que le llegan del otro lado de la irrealidad/ realidad en la que están inmersos. Abandonan la pantalla de la televisión y con paso de ganso aparecen en el recinto desde ambos lados de la pantalla. (102)

El tratamiento de la Señora culmina curiosamente con una interrogante ¿entonces dónde está el país? Luego del evento absurdo en el que el único atrapado en la televisión por voluntad propia es el Mayor Vento, quien amenaza con un futuro avance sobre la capital, y mientras en la habitación de la protagonista se festeja con proclamas como "¡El club ya es nuestro!" (106). Lacan sugiere a este respecto que la variación freudiana del "pienso, por lo tanto existo" radica en que "donde el paciente tiene dudas, podemos estar seguros de que hay inconsciente": las dudas de la Señora, su vacilación y resistencia ante una interpretación propuesta por Alfredi, son la mejor prueba de que la intervención de este último ha tocado algún nervio inconsciente traumático. Por ende, lo que vemos a estas alturas, no es un sujeto que ha renunciado a sus deseos, ante la imposibilidad de establecer una conexión con su pasado, sino, uno que se empeña en saber aún más que antes. Es por ello que el final de la novela sugiere que contrario a lo que se piensa, el sueño es donde se encierran los enigmas que conducen a la vigilia que es la realidad; una realidad mitificada por el miedo en cuyo sistema simbólico yacen la censura, la imagen distorsionada del ser y la incapacidad de ver. Ello explica por qué la señora rehúye el sueño y recrea una realidad que le da un falso sentido de resolución, pero que en realidad constituye el síntoma de una situación irresoluta. Esta última pregunta nos confirma además que su exilio sigue vigente en tanto que el "país" que supuestamente acaba de entrar en su habitación, tampoco es el que ella esperaba encontrar a su retorno. La creencia ciega de que una vez recuperada la memoria es posible superar los traumas del pasado, proporciona un típico ejemplo de la tragedia del exilio. La Señora, al igual que otros exiliados, estaba convencida de que con el regreso a su país el tiempo suspendido del exilio desaparecería y que dado este hecho, la recuperación del pasado ocurriría sin ningún problema. La realidad de su país desafortunadamente confiere a dicha convicción una frágil belleza constituida por el autoengaño, al creer ciegamente en las bondades intrínsecas de la verdad y la restitución de aquello que se consideraba perdido. Por tal razón, es necesario invertir la lectura habitual en la que al final de la novela se trata de tener como meta que la Señora llegue a un encuentro consciente y objetivo con la realidad nacional aparentemente soterrada en el fondo de un pozo hondo y oscuro, sino que por el contrario, el país que ella esperaba ver ya estaba dentro de ese aterrador abismo.

La lectura de ambas novelas por lo tanto no prescribe ninguna solución más allá de una indagación profunda que lleve al hecho de cuestionar el pasado en términos de la experiencia de cada paciente. El acto de escribir es, a fin de cuentas, una especie de tratamiento que evita hacer juicios morales que juzguen y condenen a los culpables de un nefasto pasado que dejó víctimas, muchas de ellas sometidas a la tiranía del recuerdo. Más bien, ayuda a integrar en el vacío de las palabras el proceso de desintegración de la persona afligida por algún trauma y le ayuda mediante su propio reconocimiento de las experiencias sufridas a superarlas y reconstruir el pasado liberado de mitos.

Obras Citadas

Agamben, Giorgio. *Remnants of Auschwitz: The Witness and the Archive.* Trans. Daniel Heller-Roazen. New York: Zone Books, 1999. Impreso.

Anderson, Helene M. "Autorretrato y testimonio en *Realidad nacional desde la cama* de Luisa Valenzuela: la dualidad del discurso especular." *Letras femeninas* 27 (2001): 106–116. Impreso.

Cordones-Cook, Juanamaría. "Luisa Valenzuela habla sobre *Novela negra con argentinos* y *Realidad nacional desde la cama*." *Letras Femeninas* 18.1 (1992): 119–126. Impreso.

Dölz-Blackburn, Inés. "El tratamiento del temor en *Cambio de armas* de Luisa Valenzuela." *Letras Femeninas* 18.1 (1992): 24–30. Impreso.

Gómez Douzet, Jaime. "La política y el silencio como estrategias de denuncia de la dictadura en la narrativa de Luisa Valenzuela." *ALPHA* 42 (2016): 25–35. Impreso.

Lacan, Jacques. *The Seminar. Book I. Freud's Papers on Technique, 1953–4*. Cambridge: Cambridge University Press, 1988. Impreso.

———. *Écrits, A Selection*. London: Tavistock Publication, 1977. Impreso.

———. *The Four Fundamental Concepts of Psychoanalysis*. London: Hogarth Press and the Institute of Psycho Analysis, 1977. Impreso.

López-Calvo, Ignacio. "La pasividad como terapia y mecanismo de transformación social en *Realidad nacional desde la cama* de Luisa Valenzuela." *Alba de América* 17 (1999): 291–296. Impreso.

Lorente-Murphy, Silvia. "*Cambio de armas* de Luisa Valenzuela, una recuperación semántica." *Alba de América* 6.10 (1988): 117–28. Impreso.

Magnarelli, Sharon. "El significante deseo en *Cambio de armas* de Luisa Valenzuela." *Escritura* 16. 31–32 (1991): 160–69. Impreso.

Marting, Diane E. "Luisa Valenzuela and New Realities: *Realidad nacional desde la cama*." *Letras femeninas* 22 (1996): 107–120. Impreso.

Rojas-Trempe, Lady. "Apuntes sobre *Cambio de armas* de Luisa Valenzuela." *Letras Femeninas* 19.1 (1993): 74–83. Impreso.

Stavrakakis, Yannis. *Lacan y lo político*. Buenos Aires: Prometeo Libros, 2007. Impreso.

Tezanos-Pinto, Rosa. "Historia, derechos humanos, literatura: conversación con Luisa Valenzuela y Ana de Benedictis." *Confluencia* 29 (2013): 200–209. Impreso.

Valenzuela, Luisa. *Cambio de armas*.USA: Edición del Norte, 1982. Impreso.

———. *Realidad nacional desde la cama*. México: Sersa, 1992. Impreso.

Zizek, Slavoj. *Cómo leer a Lacan*. Buenos Aires: Paidós, 2008. Impreso.

Capítulo 7

El mito del padre primordial en *La fiesta del chivo* de Mario Vargas Llosa

Las dictaduras han constituido un tema recurrente en la narrativa latinoamericana, tanto que se han escrito numerosas novelas que bajo el común denominador de la tiranía y el poder absoluto, rememoran el histórico legado del militarismo, el caudillismo y el machismo. Para nombrar unas pocas están *Amalia* (1844) de José Mármol, *El Señor Presidente* (1946) de Miguel Ángel Asturias, *Yo el Supremo* (1974) de Augusto Roa Bastos, *El otoño del patriarca* (1974) de Gabriel García Márquez y *Cola de lagartija* (1983) de Luisa Valenzuela. En ellas se elabora una serie de vicios y virtudes, se recopilan sucesos notables, se seleccionan acontecimientos y tipifican rasgos y temperamentos homogéneos. Vale destacar que a pesar de su peso histórico, los textos mencionados no intentan proyectarse mediante personajes fidedignos y legendarios, sino, más bien, se constituyen en herramientas útiles de las que se sirve el escritor para introducir elementos novedosos, reelaborados y propios de esta categoría literaria. Köllman señala que las novelas históricas representan "las características generales de las dictaduras latinoamericanas, en donde se entrelazan elementos populistas, el excesivo culto a la persona, la teatralidad y el machismo con la corrupción, la represión más brutal y el establecimiento de la mentira como verdad oficial" (Köllmann 146).

La fiesta del chivo (2000) es indiscutiblemente una de las novelas más destacadas de Mario Vargas Llosa, donde Llosa traza el perfil un tanto caricaturesco del caudillo dominicano Rafael Leonidas Trujillo. En la novela se entretejen tres historias que convergen en una sola vertiente que es la del abuso de poder por parte de un tirano. Sin embargo, como Gewecke menciona en su artículo, a pesar de emplear la pluralidad de las voces narrativas, la novela de Vargas Llosa

> [N]o provoca una pluralidad de visiones que estarían en competencia o en franca oposición, sino que corresponde a una yuxtaposición de visiones convergentes que le proporcionan al lector una imagen coherente y contundente de lo que fuera, según el autor, la Era de Trujillo. (Gewecke 161)

La novela comienza con el regreso de un personaje clave en el despliegue de la trama, Urania, hija de un cercano colaborador del dictador Trujillo, quien llega a Santo Domingo después de treinta y cinco años de exilio para reencontrarse y confrontar a su padre Agustín Cabral. Las otras dos historias acontecen hacia el final de la época Trujillista: una que acentúa la figura del dictador, donde se ponen al descubierto sus obsesiones, debilidades físicas y angustias típicas del individuo común y corriente; y otra en que describe los cambios políticos posteriores a su muerte, especialmente en lo concerniente a la implacable persecución, encarcelamiento y ejecución de los responsables de su deceso.

En el marco de las observaciones anteriores, este capítulo intenta establecer paralelismos entre el mito del padre primordial enunciado por Freud y los personajes claves de la novela, para la construcción de la imagen del dictador. El poder y control ejercidos por el gobierno autocrático de Trujillo y su efecto de control tenaz sobre las muchedumbres, veremos, se ve reforzado por los discursos repetitivos de líder absoluto, quien reiteradamente se erige como caudillo inigualable e irremplazable en la conducción de los destinos del país dominicano, condición que sistemáticamente lo ubica en una posición de "intocable". Es en base a esta influencia casi sagrada imbuida en la figura del "padre de la nación", que bajo el régimen totalitario de Trujillo, la República Dominicana adquiere rasgos de horda primitiva, recordatorio del mito freudiano cuyos integrantes son básicamente el padre, sus hijos y las mujeres pertenecientes al primero.

Según el mito, el padre expulsa a sus hijos como manera de mantener exclusividad sexual en la horda. Los hijos regresan para acabar con el dominio del padre y como para arrebatarle este goce, lo matan y devoran. Pero contrario a la creencia de que con el progenitor moría también su control, el parricidio les deja una sensación ambivalente, pues por un lado se justifica el crimen manteniendo la aversión inicial al patriarca, pero por otro, experimentan culpabilidad al consumar tan vil hecho. De esta forma, como señala Freud, el padre se retorna aún más fuerte de lo que estaba en la vida: el padre se convierte en una especie de institución que los hijos llevan dentro de sí prohibiendo entre ellos el libre goce. Con respecto a la imposibilidad de conseguir el goce, el mito de padre primordial es más radical que el mito de Edipo. Mientras que el segundo se basa en la hipótesis de que el padre es el que nos prohíbe el incesto, el goce, por lo tanto nos da la idea de que con el parricidio podríamos llegar a gozar del objeto prohibido, el primero anuncia desde el principio que el goce es imposible. En lo que respecta a las diferencias entre los mitos, Slavoj Zizek señala:

> El mito del padre primordial en *Tótem y tabú* complementa (o, más precisamente, suplementa) el mito de Edipo, al encarnar ese goce imposible en la figura del Padre-del-Goce, es decir, en la figura que asume el papel de agente de la prohibición. La ilusión consiste en que hay por lo menos un sujeto (el padre primordial, que posee a todas las mujeres) capaz de un goce total. Como tal, la figura del Padre-del-Goce no es más que un fantasma neurótico: pasa por alto el hecho de que el padre ha estado muerto desde el principio, es decir, de que nunca estuvo vivo, salvo en cuanto no sabía que ya estaba muerto. (*Looking Awry* 24)

En *La fiesta del chivo*, Vargas Llosa retrata a Trujillo como sujeto divino, todopoderoso y carismático, similar al padre primordial al que Freud hace referencia. Al identificarse con el país, Trujillo se arroga derechos ilimitados sobre la vida de los dominicanos, a quienes los observa bajo la lupa del poder absoluto. El caso más patente de este ejercicio de poder lo asume Amadito quien en su rol de militar gobiernista debe probar su lealtad incondicional al Generalísimo, aunque para ello debiera pasar por encima de sus principios, familia y afectos personales. En efecto, como represalia contra la participación del hermano de la novia de Amadito, en una rebelión calificada como "subversiva", Trujillo prohíbe el matrimonio del susodicho con quien consideraba era la hermana de un rebelde. A más de ello, lo obliga a participar en la ejecución de uno de los sublevados, de quien se desconoce su identidad, sino hasta después del hecho sangriento y de echar el cadáver a los tiburones, cadáver que luego Amadito descubre era el de su ex cuñado.

Es evidente entonces que la tiranía de Trujillo va más allá del ámbito político para adentrarse en espacios personales: de la misma manera que el padre primordial, el caudillo, no solamente influye de manera directa en la vida de sus asistentes, como es el caso de Amadito, sino de manera directa y personal como lo ilustran las ocasiones en que el Benefactor insta a las esposas y a las hijas de sus acólitos, a veces mediante el chantaje, a someterse a sus juegos seductores a cambio de ciertos privilegios. Irónicamente, el día de la descarga a tiros contra el jefe mayor, de camino a su casa en San Cristóbal, Trujillo se dirigía al encuentro de una joven de diecisiete años, evento que sella en la memoria colectiva su rol de padre primordial en la República Dominicana.

Por otra parte, el sacrificio por el país y por la muchedumbre sumida en demostraciones de fanatismo y lealtad incondicional, convierten a Trujillo en casi invencible, pues al exhibir su entrega total a la causa del país y sus habitantes, logra insertarse de manera persistente en la psiquis colectiva de manera favorable a su permanencia en el poder. Este hecho le permite al "Chivo" llevar a cabo actos de corrupción insignificantes para las muchedumbres alucinadas por el carisma de su líder, como el de negarse a pasar las empresas privadas a manos del Estado durante la crisis económica que azotaba al país.

Apelando al sacrificio y dedicación a la nación, Trujillo logra desviar la verdad de que tanto sus hijos como su esposa remitían sumas considerables de dinero a la banca extranjera. Por eso, pese a los rumores del golpe de estado inminente, nunca considera exiliarse e insiste en que "viviría hasta el último minuto en [ese] país que gracias a él dejó de ser una tribu, una horda, una caricatura, [para convertirse] en

República" (*La fiesta* 173). Adopta por lo tanto una postura de defensor implacable de la soberanía dominicana, que a lo largo de la novela se manifiesta en su obsesión por defender al país contra cualquier ambición proveniente de países vecinos, inclusive de los de ultramar. Pero como para demostrar un genio irremplazable, se nos presenta como un hombre exhausto por las ocupaciones de Estado, pero que no obstante a su colosal labor, es el único capaz de solucionar los males que afectan al país. Tal así, que para desafiar cualquier duda, Trujillo se ocupa de todos los menesteres sin contar con ninguna ayuda; por lo que una vez tomados esos pasos no quedara una sola persona en toda la nación con aptitud suficiente para tomar decisiones, por insignificante que estas fueren. En la novela, Trujillo constantemente justifica la razón de su dictadura diciendo:

> Si no hubiera sido así ¿habría hecho esos regalos al pueblo, esas dádivas multitudinarias cada 24 de octubre, a fin de que los dominicanos celebraran el cumpleaños del Jefe? ¿Cuántos millones de pesos había gastado todos esos años en fundas de caramelos, chocolates, juguetes, frutas, vestidos, pantalones, zapatos, pulseras, collares, refrescos, blusas, discos, guayaberas, prendedores, revistas, a las interminables procesiones que se acercaban al Palacio el día del Jefe? (182)

Viéndose poseedor de cierta inmunidad apoyada por su popularidad, el Benefactor llega al punto de justificar el uso de medidas brutales e ilegítimas para mantenerse en el mando. Es de esta manera que el Generalísimo se posiciona simultáneamente dentro y fuera de la ley: dentro de ella, representando la realización del sistema jurídico, mientras que fuera, simbolizando la capacidad excepcional de vulnerarlas. Pero como sucede en cualquier dictadura, la sombra de Trujillo es la única en instituir y transgredir su propio sistema jurídico sin necesidad de bases o fundamentos. Todo esto, dado que su soberanía no se rige en función de su legislatura y poder judicial, sino en el poder hacer y deshacer el derecho constitucional de manera arbitraria. Tal así que mientras, el pueblo es alertado de inminentes amenazas por parte de fuerzas destructoras de lo que el caudillo considera avances en materia económica y política en beneficio del país y sus habitantes, relega a un segundo o tercer plano a las organizaciones de derechos humanos, la democracia y la libertad de expresión.

El ejercicio de dominio dictatorial alcanza niveles aberrantes en la instauración del estado de excepción, cuando el dictador procura para sí la máxima libertad de maniobra en el manejo de las funciones del estado, sin que eso llegue a constituirse ante el escrutinio público como abuso de poder. A este respecto, Georgio Agamben aclara el panorama que caracteriza al estado de excepción:

> La excepción es una especie de la exclusión. Es uncaso individual que es excluido de la norma general. Pero lo que caracteriza propiamente a la excepción es que lo excluido no queda por ello absolutamente privado de conexión con la norma; por el contrario, se mantiene en relación con ella en la forma de la suspensión. *La norma se aplica a la excepción desaplicándose, retirándose de ella.* El estado de excepción no es, pues, el caos que precede al orden, sino la situación que resulta de la suspensión de éste. En este sentido la excepción es, verdaderamente, según su etimología, *sacada fuera (ex-ca-pere)* y no simplemente excluida. (*Homo sacer* 17–18)

Así vemos que el estado de excepción, no apunta hacia la desviación de un orden caótico y confuso y su restablecimiento en un orden jurídico benévolo e indulgente, sino a la misma supresión de las normas que lo sostienen. Es pertinente aclarar entonces, que el estado de excepción no tiene efecto en tanto el dictador atropella las libertades o utiliza la fuerza, sino cuando se ubica en el umbral entre dentro y fuera del orden, "La soberanía se presenta, pues, como una incorporación del estado de naturaleza en la sociedad o, si se prefiere, como un umbral de indiferencia entre naturaleza y cultura, entre violencia y ley, y es propiamente esta indistinción la que constituye la violencia soberana específica" (*Homo sacer* 35). Por lo tanto, la violencia que ejerce el soberano en el estado de excepción no procura preservar la ley, sino más bien vulnerarla paradójicamente con el fin de preservarla.

> El totalitarismo moderno puede ser definido, en este sentido, como la instauración, a través del estado de excepción, de una guerra civil legal, que permite la eliminación física no sólo de los adversarios políticos sino de categorías enteras de ciudadanos que por cualquier razón resultan no integrables en el sistema político. Desde entonces, la creación voluntaria de un estado de emer-

> gencia permanente devino de una de las prácticas esenciales de los Estados contemporáneos. (*Estado de excepción* 25)

Trasladando el análisis previo al ámbito literario, podemos apreciar que mediante la ficción, es posible apreciar la dictadura en acción de un Trujillo que entra y sale del sistema jurídico para enmarcarse ante su público de seguidores de manera siempre favorable. Pero también apreciamos que además de su imagen externa, nos muestra un mundo interior plagado de inseguridades personales y de miedo a su difusión pública. Ligado a este aspecto, Köllmann indica que "La "mentira" más grande de la novela es la invención de la voz interior de Trujillo que se caracteriza no sólo como un tirano sino también como un ser humano con ilusiones, angustias, decepciones y vanidades, cuyo poder excesivo le permite imponer sus obsesiones personales al país entero" (137). Así, se puede ver en la novela a un Trujillo presa de sus complejos personales, la piel oscura, la incontinencia urinaria propia de la edad, pero sobre todo su impotencia sexual, a la que equipara a una debilidad política, por lo tanto, su peor enemiga, quizás peor que sus enemigos públicos: "¡Coño! ¡Coño! este no era un enemigo que pudiera derrotar como a esos cientos, miles, que había enfrentado y vencido, a lo largo de los años, comprándolos, intimidándolos o matándolos. Vivía dentro de él, carne su carne, sangre de su sangre" (*La fiesta* 29).

La virilidad del Trujillo es en la narrativa, el factor esencial para asegurar la continuidad de su supremacía, de la misma manera que en el mito del padre primordial en el que el padre hace las veces de todopoderoso, acaparando para sí a cuanta mujer existe en la horda, que en el caso de Trujillo, se demuestra en la posesión de las mujeres de sus aliados y potenciales enemigos: "Dios mío, hazme esa gracia. Necesito tirarme como es debido, esta noche, a Yolanda Esterel. Para saber que no estoy muerto. Que no estoy viejo. Que puedo seguir reemplazándote en la tarea de sacar adelante este endemoniado país de pendejos" (406).

En este propósito, vemos que en la novela, Vargas Llosa mitifica y desmitifica la figura histórica en su afán de desvelar al individuo de carne y hueso que soterrado bajo un velo de oficialismo de masas, que le ayuda a crear y anular las normas de derecho de manera arbitraria.

A este mismo sujeto tiránico y carismático a la vez, Vargas Llosa lo saca de sus profundidades míticas y lo muestra tal cual es, sin la máscara de poder que lo caracteriza, y a quien "los hijos", o sea, sus súbditos deben destronar. La muerte del padre deseada por los hijos se hace posible entonces únicamente mediante la muerte simbólica que conlleva a la vez y de manera traumática a la castración.

La preocupación excesiva de Trujillo por su apariencia personal, al punto de la compulsión, dice mucho de su verdadero estado interior, estado que en la novela se desdobla en dualismos reveladores como Köllmann ilustra las fijaciones secretas del tirano:

> Su angustia al descubrir la temida mancha que traiciona su incontinencia en su uniforme siempre elegante e inmacua, pero en el contexto de su maniático cuidado de su cuerpo y del atuendo parece como la respuesta a su excesiva preocupación por su apariencia. (Köllmann 142)

El persistente encubrimiento de su fragilidad humana, conlleva al dictador, de manera contraria a sus expectativas de fortalecimiento viril e imperial, a reafirmar su incapacidad de generar poderío varonil. No le es posible sembrar su simiente para ejercer el totalitarismo, que inevitablemente conduce a la decadencia y muerte física augurada por la castración simbólica que supone la impotencia sexual. Por ello su decepción con Ramfis, su hijo mayor, a quien no creía lo suficientemente capaz de heredar su cargo por considerarlo carente de hombría. El Chivo "sospechaba que ni siquiera le gustaban las mujeres" (36).

Consciente de ello, y en plan de convencer al padre de lo contrario, Ramfís, en complicidad con algunos amigos se ven involucrados en la violación de la hija de un adepto al régimen, Rosita Pedomero. Aparentemente para encubrir el delito, y elevar el nivel de hombría, el padre lo envía a estudiar en una escuela militar en Kansas, pero con resultados menos que deseables. Ramfis no solo sigue despilfarrando el dinero como lo hacía antes, sino que llega a provocar conflictos diplomáticos entre los Estados Unidos y la República Dominicana, situación que lo ubica en un sitial aún más desfavorable ante la figura del padre. Sin embargo, a la muerte del padre, el hijo dado amenos por él, regresa en plan de capturar a quienes lo habían asesinado, cumpliendo con ello el objetivo de continuidad de la tiranía del padre. El retorno del hijo, expulsado en este caso, cumple una función distinta que no es la de asesinar al padre, como lo determina el mito del padre primordial, sino la de eliminar a sus asesinos con el propósito de emular el poder y la inmunidad del progenitor. En ese sentido, la venganza de Ramfis representa lo que se parece más a la figura mitológica de Orestes, hijo único varón de Agamenon y Clitemnestra, que regresa para vengar al padre asesinado y reclamar el derecho de sucesión correspondiente.

En cuanto al móvil del asesinato del Chivo, Fernando Cabrera señala que "en el plano de los conspiradores se percibe la necesidad de establecer el expediente de rencor de cada protagonista. Si bien, como hombres de carne y hueso, el deseo de acabar con la tiranía no emerge de ideales sino de circunstancias muy personales" (148). De hecho, los inconformes: Salvador Estrella Sadhalá, Amadito, Antonio de la Maza y Antonio Imbert eran trujillistas que se beneficiaban del régimen dictatorial pero que al final son abandonados, de la misma manera que el padre del mito margina a sus hijos cuando monopoliza el goce sexual.

Este es el caso de Amadito, cuyo móvil principal para asesinar a Trujillo es el de saldar su honor personal. Mientras Antonio de la Maza por su parte, participa en la rebelión por venganza provocada por el asesinato de su hermano Tavito, a quien en un complot oficiado por el régimen trujillista es acusado del secuestro y asesinato del escritor español republicano Jesús de Galinde. Los de la oposición, sin embargo, no logran ligar el asesinato con el golpe de estado debido a la vacilación de Pupo Román, jefe de las Fuerzas Armadas, por lo que mueren—excepto dos implicados—luchando luego de ser torturados por su verdugo Johny Abbes.

Luego de estos acontecimientos, Ramfis se convierte en el prisionero del poder anulando por completo el sistema jurídico con la excusa de restablecer el orden e imitando así la brutalidad del padre, como medida para continuar con la persecución de los sublevados. Con esta supresión de las leyes, los presos políticos son tratados de manera infrahumana, dado que la oficialidad no garantiza su existencia, además de carecer de toda identidad jurídica. Balaguer, el presidente fantoche, que sucede el puesto de Trujillo le garantiza a Ramfis que su gobierno no va a cuestionar nada sobre el abuso de los derechos humanos contra los prisioneros: "Usted tiene el derecho moral de vengar el crimen. Pero, no me dé detalles, se lo ruego. Es más fácil enfrentar las críticas que recibo del mundo entero, si no me consta que los excesos que denuncian son ciertos" (511). Las torturas de Ramfis duran meses pero nadie se atreve a cuestionar el estado físico de los prisioneros, ni los torturadores dan a conocer la verdad al público. Mientras, Balaguer (el presidente fantoche) promete a los Trujillo el exilio de la manera más pacífica, consciente de que la muerte violenta de los seis presos y la indagación de los móviles dejarían de importar a la opinión pública, una vez que los Trujillo abandonaran el país. Es así como los prisioneros son sustraídos del sistema jurídico para convertirse en *homines sacri* como en la antigua Roma, pues, a pesar de su humanidad, eran excluidos de la comunidad humana y eran por lo tanto vulnerables al crimen violento contra su persona con total impunidad.

El *homo sacer,* según Giorgio Agamben encarna la nuda vida, pues a pesar de la condición humana de los prisioneros, no gozan de protección jurídica, por lo que siempre tienden a la desaparición física. Sus dos rasgos fundamentales son: la posibilidad de que cualquier persona puede asesinarlos sin ser castigada, y la prohibición de reconocer oficialmente la muerte del *homo sacer*. Esto explica por lo tanto, que en *La fiesta del chivo* nunca se encuentren responsables de los crímenes, ni se indague sobre la ubicación de los cadáveres de los prisioneros.

Esta misma circunstancia de desamparo legal y público conduce a pensar en insólitos pero válidos puntos convergentes. El Chivo—el soberano—y los presos—*homo sacer*—comparten presunciones que el uno mantiene sobre el otro. Así, para el dictador todos los presos son potencialmente *homines sacri,* mientras que para los presos todos los hombres actúan como soberanos. De lo dicho podemos señalar que las muertes, tanto del soberano como de los *homines sacri,* se distinguen de las muertes comunes en que sus asesinos son también tratados de manera radicalmente distinta a otros criminales, y ejemplo de ello es que la gente no creía en la muerte de Trujillo, "fue como si se abriera la tierra, como si, desde ese abismo, se levantara riéndose de él la carcajada del Maligno" (275), además de que pensaban que el mismo Trujillo estaba escondido para probar la lealtad de sus seguidores.

Tampoco creía la gente que unos cuantos insurrectos hubieran cometido un asesinato de tal magnitud, a lo que se suma el hecho de que el asesinato a un *homo sacer* no constituye delito de homicidio, de la misma manera que ninguna organización jurídica trata el magnicidio como simple homicidio. El punto crucial no consiste entonces en estipular el homicidio cometido contra el *homo sacer* como un acto de calidad inferior, y al del soberano como superior o inestimable. Lo importante es aclarar que ni la muerte de Trujillo ni la de los presos fue considerada como homicidio común y corriente, y que por ello se convirtió en tema tabú del que nadie se atrevía a recordar ni a mencionar.

Susana Bercovich, al referirse al estado de excepción que se instaura en el mito, escribe lo siguiente:

> La ley, por decirlo así, se soporta de tres patas: ley, transgresión, castigo. El castigo reinstaura la ley una vez transgredida. Pero en el acto de castigar redobla y potencia la violencia del crimen [...] La ley parece propiciar un goce masoquista. En todo caso, es una de las vías privilegiadas por las que el masoquismo insiste. (2003)

En este orden de ideas es viable observar que mientras que los episodios referentes a los asesinos y los de Trujillo ocurren durante el régimen dictatorial, el de Urania acontece circundando los años noventa, época en la que el "terror" ya se había disipado, no así, la huella subyacente del padre muerto pero presente en la memoria colectiva. Ello explica en gran parte el porqué Urania es la única figura en la novela exenta de burla y satirización por parte del autor. Vemos a lo largo de la novela a una Urania dominada por el odio y rencor albergado por la larga agonía del silencio y la impunidad, pero que sin embargo se erige noble y leal a sus principios de libertad y justicia, cualidades que la convierten en la única figura positiva al centro de tanta deformación. Así, observamos que luego de un forzado exilio iniciado a los catorce años de edad, Urania regresa dispuesta a confrontar al padre sobre traumas pasados, con el afán de resolver de una vez por todos los enigmas que ni siquiera el distanciamiento geográfico había logrado interpretar. Según Fernando Cabrera, durante treinta y cinco años de exilio obligado, Urania estaba muerta "rumiando el pasado en procura de entender, claro, sin resultados, los hilos que se entretejieron para desenhebrar como traumatizante no únicamente el abordamiento sexual, sino el marco de agresión posible que la obligó al exilio" (Cabrera 150).

Una vez en Santo Domingo, Urania vuelve a revivir el trauma al percibir en las calles las miradas masculinas que la acechan, "midiéndola, sopesándola, calculando cuánta carne hay en cada una de sus tetas y muslos, cuántos vellos en su pubis y la curva exacta en sus nalgas" (*La fiesta* 19). Llega para percibir el fantasma de Trujillo en todos los dominicanos y se da cuenta que ella no es nada más que objeto sexual todavía al igual que el pasado. Ya frente al padre, incapaz de excusarse, Urania le recrimina su participación activa en la era de Trujillo: "Sí, papá, a eso debo haber venido. [...] A hacerte pasar un mal rato. Aunque, con el ataque cerebral, tomaste tus precauciones" (149). Parecería a estas alturas inverosímiles que Urania humillara a su padre viejo e indefenso, preguntándole si su madre también se había acostado con Trujillo e imprecándole sobre las sospechosas visitas del Benefactor a la esposa de su vecino, antiguo secretario de Relaciones Exteriores del régimen, con pleno conocimiento de él.

En casa de su tía Adelina, sin embargo, Urania tiene la oportunidad de ventilar su frustración de pronunciarse frente al mutismo obligado por la enfermedad del padre. El testimonio de Urania enunciado ante su tía, no solamente desmitifica a Trujillo, a quien la mayoría de los dominicanos aún recuerdan con nostalgia, sino también a Agustín Cabral, padre de Urania, quien, según la tía, había sacrificado su vida y carrera para salvar a su hija, al igual que el pueblo dominicano recuerda todavía a Trujillo como el que sacrificó su vida para el país. Apoyada firmemente en su versión de los hechos, y en tono de regaño, la tía ve justa su amonestación a Urania a quien le increpa diciendo: "para no hacerte sufrir, no se volvió a casar cuando murió tu madre, pese a quedarse viudo tan joven. ¿Gracias a quién has tenido la suerte de estudiar en Estados Unidos? ¿No se gastó todo lo que tenía? ¿A eso llamas un mal padre?" (304).

En defensa de Cabral, la tía de Urania saca a la luz las circunstancias que habían obligado al padre de Urania a acceder a aquello que contribuiría al trauma que la había obligado al exilio. Según la tía, la crisis familiar había comenzado a partir de una carta publicada en un periódico donde se acusaba a Cerebrito de desviación de fondos públicos durante su posición como Ministro de Obras Públicas. Cerebrito por su parte, no había entendido el porqué de tal acusación, y de los constantes asechos de los *calies*, a más de la congelación de sus cuentas bancarias y la falta de protección por parte de sus aliados por temor a verse involucrados. Testimonios obtenidos sobre la era de Trujillo evidencian que el dictador ideó procedimientos claros y explícitos para deshacerse de sus adversarios, de tal modo que exigía de todos sus subalternos, una hoja en blanco firmada por cada uno de ellos, la misma que él mismo llenaba expresando la renuncia de todo aquel, sospechoso de traición o deslealtad al régimen. En casos más leves, remoción o, el traslado eran aplicados como manera de evitar la acumulación de poder.

Cabral se entera de que el Benefactor lo está acusando por corrupción accede a la ayuda de un allegado a Trujillo, un personaje del bajo mundo del modelaje, Manuel Alfonso, quien le propone al angustiado Cabral entregarle a su propia hija al Generalísimo como prueba de lealtad incondicional.

Independientemente de la benévola apreciación de los hechos por parte de la tía, Agustín Cabral se pierde entre los vericuetos del pasado que lo llevaron a preferir el trato infame de enredara su hija en los juegos perversos de su jefe a que este último creyera en las acusaciones atribuidas a su persona. Todo pudo más que el descredito a la hora de aceptar el morboso pacto mediado por Manuel Alfonso, quien en función de alcahuete le había ofrecido a Cabral hacer que su jefe accediera al mismo: "El Jefe aprecia la belleza. Si le digo: 'Cerebrito quiere ofrecerle, en prueba de cariño y de lealtad, a su hija linda, que es todavía señorita', no la rechazará" (377).

Por su parte, Urania en su afán por liberarse de los demonios del nefasto día con el Benefactor, pone al descubierto después de tantos años su impotencia sexual, quien como resultado de hipertrofia prostática, no había consumado el acto sexual. La revelación de Urania, constituye en la novela el punto más crítico, pues desenmascara al dictador, dejando entrever su verdadero estado de vulnerabilidad y quebrantado ego: "el vientre algo fofo, el pubis emblanquecido, el pequeño sexo muerto y las piernas lampiñas. Éste era el Generalísimo, el Benefactor de la Patria" (561). Delante de la niña, el Chivo había llorado desesperado al ver imposibilitado el acto sexual, pero lo que le había molestado aún más había sido que aquella muchacha desvelara su impotencia al público desacreditando de este modo, su imagen de hombre implacable.

El testimonio de Urania exhibe además una doble caracterización de Trujillo frente al poder ejercido por éste, no solo en su condición de líder absoluto de un país sofocado bajo su tiranía, sino como individuo atormentado por su inseguridad viril. Tal así que como monopolizador del goce sexual, Urania atestigua, era solo una fachada que el tirano guardaba muy celosamente de sus acólitos, adversarios, y pueblo en general, ya que estaba "muerto" antes de su asesinato, aunque él no aceptara su condición. La recriminación de Urania a su padre constituye por tanto una acción de parricidio al padre de la horda que obliga al exilio a uno de sus hijos. Urania y su padre no son entonces, nada más que los hijos simbólicos del mismo dictador, hijos, por ende, "castrados" por un padre "impotente". Dicha castración se manifiesta en el caso de Cabral en la afonía que lo deja totalmente relegado de la política, mientras que en Urania se expresa en su pérdida de interés en el sexo opuesto y en las relaciones íntimas con los hombres. A esto hay que añadir el hecho de que Urania regresa al "exilio" con el mismo vacío con que había viajado ante la presencia del padre, albergado la esperanza de curarse del mal que la aquejaba por tantos años, y que mediante la confrontación directa creía poder extirpar.

A manera de resumen final y luego de las consideraciones anteriores culmino aquí mi análisis comparativo de *La fiesta del chivo* con el mito freudiano del padre primordial, cuyo especial enfoque ha sido el retorno del hijo y su re-encuentro con el padre. De lo dicho, hemos podido apreciar que paralela a la reconstrucción de la historia, la novela nos permite interpretarlacomo una re-escritura contemporánea del mito.

Al analizar la novela histórica mediante el mito, la historia pierde su autenticidad para convertirse en ficción. Pero contrario a una visión tradicional de la historia como revelación objetiva de los hechos, la historia, vuelta ficción, delata lo insuficiente que resulta la apreciación netamente histórica en detrimento de verdades a simple vista imperceptibles que gracias al examen literario se logra aprehender. Vargas Llosa afirma que esta verdad de la novela se diferencia de la verdad histórica en que no procura informar ni documentar:

> Una ficción lograda encarna la subjetividad de una época y por eso las novelas, aunque, cotejadas con la historia, mientan, nos comunican unas verdades huidizas y evanescentes que escapan siempre a los descriptores científicos de la realidad. Sólo la literatura dispone de las técnicas y poderes para destilar ese delicado elixir de la vida: la verdad escondida en el corazón de las mentiras humanas. (*La verdad de las mentiras* 15)

En suma, la novela resiste cualquier intento de cristalización de la historia y produce una verdad diferente a la verdad histórica. En *La fiesta del chivo* el parricidio no es un acto que elimina la influencia paterna, ya que tanto Urania como los inconformes e incluso los dominicanos no logran escapar de la sombra de Trujillo. Al igual que los hijos del mito se baten entre la culpa y el odio alpadre difunto, el sentir de los dominicanos que sobre Trujillo se vuelca se encuentra dividido. Lo sorprendente, a juicio de Urania, es que los dominicanos asuman la dictadura de Trujillo como un mal necesario para un país subdesarrollado como lo es la República Dominicana, sentimiento que se ve evidenciado en una nostalgia generalizada de un pasado idílico: "sería un dictador y lo que digan, pero parece que entonces se vivía mejor y no se cometían tanto crímenes" (139–140).

En cuanto a este punto, debemos volver al inicio, para recordar que dicha presunción formaba parte de una proyección de mito del padre primordial. A diferencia del mito de Edipo que explica que el goce es posible en la medida en que el obstáculo—el padre—es eliminado, en República Dominicana, similar al mito del padre primordial, se observa la presencia imponente de Trujillo que simboliza la imposibilidad de acceder a tanto poder que él tenía. De aquí que el estado de excepción no se genera únicamente en el dictador, sino también en la muchedumbre que siente nostalgia por el régimen represivo y que reconoce que no existe nadie que supere a Trujillo. Posterior a la dictadura, todos se creen libres y con pleno derecho de participar en elecciones libres, sin embargo, bajo el estado de excepción reinante, se vuelven escépticos a la política. De este modo, la memoria de la represión política engendra una desorientación y hasta cierto punto una especie de orfandad en la población que no sabe con exactitud lo que desea y siempre recurre al pasado en busca de un modelo perfecto. Recurriendo al mito de Freud como base fundamental *La fiesta del Chivo* describe la continuación de la dictadura sin dictador y la represión política auto-impuesta por el pueblo.

Obras Citadas

Agamben, Georgio. *Homo sacer: Sovereign Power and Bare Life*. Stanford, CA: Stanford University Press, 1998. Impreso.

———. *El estado de excepción: homo sacer II*. Barcelona: Pre-textos, 2005. Impreso.

Asturias, Miguel Angel. *El señor presidente*. Buenos Aires: Editorial Losada. 1967. Impreso.

Bercovich, Susana. *El último mito: el asesinato del padre*. Conferencia dictada en la casa Jesús Reyes Heroles. México. 2003.http://www.encuentropsicoanalitico.com/s3/Bercovich.pdf. Web. 11 de Octubre de 2012.

Cabrera, Fernando. "Apuntes para *La fiesta* de Mario Vargas Llosa." *Horizontes* 42:83 (2000): 141–152. Impreso.

Drews, Joerg. "El punto culminante del habilidoso. Mario Vargas Llosa no maneja la izquierda." *Revista de Crítica Literaria Latinoamericana* 54 (2001): 213–216. Impreso.

Gewecke, Frauke. "*La fiesta del Chivo,* de Mario Vargas Llosa: perspectivas de recepción de una novela de éxito." *Iberoamerica* (2001): 151–165. Impreso.

Köllmann, Sabine. "*La fiesta del Chivo*: Cambio y continuidad en la obra de Mario Vargas Llosa." *Iberoamericana* (2001): 135–149. Impreso.

Mármol, José. *Amalia*. Buenos Aires: Espasa-Calpe, 1965. Impreso.

Márquez, Gabriel García. *El otoño del patriarca*. New York: Chelsea House, 2007. Impreso.

Roa Bastos, Augusto. *Yo el Supremo*. México: Siglo XXI, 1984. Impreso.

Valenzuela, Luisa. *Cola de Lagartija*. Buenos Aires: Norma, 2010. Impreso.

Vargas Llosa, Mario. *La verdad de las mentiras*. México: Alfaguara, 2002. Impreso.

———. *La fiesta del chivo*. México: Punto de lectura, 2006. Impreso.

Zizek, Slavoj. *Looking Awry: An Introduction to Jacques Lacan Through Popular Culture*. Cambridge, MA: MIT Press, 1991.

Capítulo 8

Una mirada nostálgica hacia la dictadura en *El baile de la Victoria* y *Los días del arcoíris* de Antonio Skármeta

Antonio Skármeta debió exiliarse en Alemania occidental tras el golpe de estado de Augusto Pinochet, tiempo durante el cual escribió algunas novelas en las que describe sus experiencias del exilio político. *Soñé que la nieve ardía* (1975) por ejemplo, habla de sus reflexiones sobre la caída del gobierno de Salvador Allende; *La insurrección* (1982), trata sobre la resistencia de un pueblo contra sus opresores; y *No pasó nada* (1978), recrea las vida de los exiliados chilenos en Alemania desde el punto de vista de un joven.

Sus novelas recientes, *El baile de la Victoria* (2003) y *Los días del arcoíris* (2011) ponen al descubierto los cambios y dilemas políticos de la época post-Pinochet, a la vez que celebran el renacer de la esperanza, el amor y la belleza como contrapunto a la escarmentada experiencia de la dictadura militar. En tal circunstancia, no obstante, vemos que Skármeta logra un equilibrio en la emisión de juicios políticos e ideológicos, dotando a su narrativa de una multiplicidad de voces, sin dejar por ello de evidenciar la importancia histórica de esta etapa de censura y violencia en Chile. Así, en un tono mágico y amistoso, el escritor transmite su visión optimista del porvenir, cuyos espacios de remembranza convergen en Santiago de Chile, ciudad capital y eje de las emociones, nostalgias y deseos de los personajes que evocan la inocencia de antaño, y que en el presente parecen dibujarse entre silencios y ausencias. Pero a más de estos sitios comunes, las dos novelas desembocan en una misma vertiente de dinamismo de dos generaciones: una representada por padres y maestros, quienes de una manera u otra proyectan la experiencia de la represión estatal, incluyendo a aquellos que compartían el pensamiento del régimen; y la de los hijos que presenciaron la represión contra sus padres y maestros en forma de arrestos, encarcelamientos y desapariciones, además de la rigidez de pensamiento con que los simpatizantes del régimen ejercían.

En este capítulo intento recrear la visión del escritor sobre una época en su país, en la que la violencia y la censura impuesta por la dictadura, secuestran los espacios de expresión y pluralidad de pensamiento y acción, entre ellos, el de la alegría de vivir y proyectarse de manera individual y creativa hacia la construcción de una sociedad democrática. Con la mirada puesta en el pasado, veremos que Skármeta transmite este deseo de libertad y convivencia democrática, partiendo de un pasado imbuido de sensibilidad, inocencia y espíritu de lucha, personificadas en sus personajes jóvenes, quienes, a su vez sirven como mediadores entre una etapa nefasta de dictadura en la historia de Chile y las generaciones emergentes que cuestionan tanto el lado conservador tecnócrata de la derecha como el de una izquierda doctrinaria e ingenua por otra. Este ambiente general del país, Skármeta lo resume en un tono de sana sorpresa al comentar su impresión del panorama chileno a su retorno de Alemania una vez finalizada su labor como embajador.

> Un país pendiente de entretención absolutamente banal y a una población extremadamente cauta que inhibe sus emociones y sus sentimientos porque fue castigada alguna vez por un padre brutal. Como temiendo que si da rienda suelta a sus emociones pudiera provocar algo que irritara a ese padre dictatorial que está internalizado en muchos chilenos. (*El Diario* https://www.eldiarioexterior.com/dos-tercios-de-la-riqueza-4431.htm)

Es indudable que esa "internalización" referida por Skármeta, es la manera en que toda una generación "castigada" por un poder casi omnímodo extendiera su frustración y modo de interpretar los eventos violentos de la dictadura hacia una generación de jóvenes, que relegaron el goce pleno de su juventud a un segundo plano por un presente que se imponía triste, confuso e incierto. La nación encontrada por el escritor a su retorno era una sociedad dividida, amargada y resentida, a pesar del triunfo otorgado por el "No" que por primera vez en quince años daba paso a la vida democrática. El país, sin embargo, no dejó de verse sumido en los avatares en los que una dictadura subyacente seguía operando y hacía presa a sus ciudadanos en forma de censura y clandestinidad.

Surge entonces la interrogante del destino de Chile desde el imaginario del escritor, quien busca en la coyuntura entre la realidad y su propia interpretación de los acontecimientos, nuevas rutas hacia una democracia palpable y honesta en su país. A este respecto, Skármeta responde con el recurso de la escritura, cuyo bagaje cultural y diversas vertientes creativas se constituye en elemento renovador del espíritu, marchito en una sociedad golpeada en sus más íntimos anhelos de libertad. Propone el autor, por tanto, reactivar el dilema del pasado mediante el arte, sus expresiones estéticas y resonancias poéticas como gesto de perdón y reconciliación hacia quienes ocuparon el lugar de victimarios, sin desechar por ello las lecciones de la memoria y sus aspiraciones de justicia. Por ello, son notables en ambas novelas, el protagonismo del arte triunfante frente a la violencia, el cinismo y escarnio general, que de una manera u otra se manifiesta en el doble registro de la sociedad y el individuo.

El arte, como veremos, intercala en las novelas de Skármeta como motor de producción cultural, de tal suerte que dentro de este marco estético, inscribe su apreciación del pasado, insertando este nuevo elemento artístico y convirtiéndolo en una apreciación renovada, capaz de proyectar sus semblanzas hacia un futuro liberador. El escritor hace hincapié en la necesidad de instaurar en el espíritu de cada individuo, una cultura democrática verdadera que no se limite a un simple cambio de paradigmas políticos, sino con la entera voluntad de ejercer la libertad, sin temor a la censura y persecución. En resumen, mi análisis se regirá por tres características recurrentes y por tanto expresivas al momento de evaluar la visión del escritor de una sociedad chilena alternativa a la del post-Pinochetismo:

- Las voces juveniles rechazan los discursos decrépitos y reaccionarios de las generaciones pasadas sin importar las ideologías.
- La nostalgia es un elemento esperanzador, pues se ubica en un pasado desideologizado, pero repleto de imágenes de alegría, belleza y arte. Con ello, el escritor propone una sociedad en la que el arte y la cultura juegue un papel preponderante por su esencia humanista.
- El escritor proyecta el pasado hacia el futuro con miras a construir una sociedad consciente de su humanidad.

En *El baile de la Victoria,* Ángel Santiago, personifica el cuestionamiento tácito de toda una generación marcada por la violencia, hacia un poder fundado en la idea de que los problemas se resuelven haciendo uso del castigo corporal y la aniquilación espiritual del individuo. Rechazado desde la infancia, Ángel es entregado a la justicia por su propio padre, quien expresamente pide al juez lo sentencie de manera severa, argumentando un "castigo ejemplar para que Ángel se hiciera hombre" (129), por lo que de ello, Ángel aprende que el mundo está plagado de injusticias, desamor y desdén por el bienestar ajeno. Luego de servir cinco años, sale de prisión gracias a una amnistía ordenada por el régimen, pero no sin antes preparar una venganza contra el alcaide Santoro por una deuda de honor sucedida en la cárcel. Sus opciones de llevar una vida plena se ven reducidas a un mínimo de esperanza, cuando descubre que su estatus de ex-convicto le impide insertarse en la sociedad de manera digna. Aún más desmoralizante se torna la circunstancia de Ángel Santiago cuando vislumbra un panorama generalizado de rechazo luego de varios intentos por conseguir empleo: "Tenemos en este país cientos de miles de cesantes, algunos de ellos con formación técnica o universitaria terminada. ¡Con títulos universitarios y experiencia laboral! Con lo que usted muestra, solo podrían ofrecerle vender barquillos en un buque manicero" (175). No sólo el horizonte chileno se muestra hostil contra el ciudadano común por el desempleo, como lo demuestra esta escena, sino el espíritu de todo un país que ha perdido la brújula y navega en aguas turbulentas con rumbo incierto hacia su hundimiento total.

La deshumanización de los individuos, es quizás el elemento catalizador en la narrativa de Skármeta, pues es ella la que desata en los personajes el debate sobre la libertad y la democracia como valores por los que vale la pena luchar. Lo dicho se ve reflejado claramente en Teresa Capriatti, esposa de Vergara, quien antepone la comodidad proporcionada por el bienestar puramente económico a lo humano a tal punto de ejercer una inaudita crueldad hacia el esposo, quien luego de cumplir una condena sale de la cárcel dispuesto a nunca más delinquir y vivir junto con ella y su hijo Pedro Pablo. En Teresa se observa el lenguaje y la actitud de quien ha sucumbido a la lógica del mercado en la que todo tiene un precio material. Ni el deseo del esposo de cambiar su vida convirtiéndose en ciudadano decente, ni su profeso amor y lealtad, despiertan en ella sentimientos de ternura, y contraria a la noción del amor filial, demanda seguridad económica como requisito previo al amor:

> —¡Que considerada! Hace semanas que estoy en libertad y no me has visto.
> —Te he visto. Ahora mismo te estoy viendo.
> —Tú sabes lo que quiero decir. Teresa Capriatti. Te amo, y no me dejas entrar en mi propio departamento.
> —El departamento lo salvaste de la ruina porque lo pusiste a mi nombre y yo te obligué en la boda a que conviniéramos separación de bienes.
> —¿Qué tiene que ver todo eso con amor?
> —Tiene que ver, Vergara Grey. Para mí no hay amor sin dignidad ni seguridad. Dos cosas que tú no tienes en oferta. (136–137)

Oportunamente, Skármeta dota tanto a Vergara Grey como a Ángel Santiago de un doble en los personajes a los que representan: por un lado son los sujetos abandonados por la sociedad que por cosas del destino terminan siendo víctimas de la delincuencia y sucumben a un círculo vicioso del robo para garantizar su supervivencia, pero con el decoro de quien mantiene los límites entre la necesidad y el respeto a la vida ajena. En este sentido, la distancia de estos marginados con los actores de la dictadura, es una relación de principios, pues en ellos priman el amor, la solidaridad y los sueños frente a la pulcritud de un estado obsesionado con el orden, la obediencia y el castigo. Se puede hablar entonces de una inversión de papeles en que los victimarios son quienes dictan la moral en una sociedad cercada por las mafias del poder a gran escala, mientras que las víctimas son presas fáciles de la violencia, la injusticia y la impunidad.

La represión llega al ámbito escolar, donde simpatizantes del régimen militar abogan por una educación tecnocrática, sin imaginación ni especulación personal. Skármeta nos muestra que la puesta en práctica de una educación sin libertad conlleva al estancamiento del pensamiento y al obsesivo reciclaje de formulismos de resonancia académica sin contenido alguno que su propio eco.

Una visión estrictamente técnica frente a la educación es una actitud recurrente en la novela, donde el aprendizaje debe darse de manera mecánica, como si repitiéndolo todo se garantizara la retención del conocimiento. En *El Baile de la Victoria*, Victoria Ponce, una adolescente con quien Ángel establece una relación amorosa, es académicamente linchada por un jurado que ve en sus respuestas espontáneas, imaginativas de corte humanista, un germen de rebeldía, que en tiempos de dictadura es únicamente equiparable a una futura formación en la izquierda revolucionaria.

> —Señorita Ponce, ¿cuántas metáforas, aliteraciones, metonimias e hipérboles contiene el texto de Manrique? Identifique también el tipo de rimas usadas y determine la actitud del hablante lírico: ¿es carmínica, apostrófica o enunciativa?
> —No sé, señora Petzold.
> —¿No sabe ninguna de las cosas que le pregunté?
> —Lamentablemente, no, profesora.
> —Pero sabrá decirme si entre los versos aparece de pronto alguna imagen que sea un polisíndeton, una anáfora, alguna sinécdoque…
> —No sabría decirle, maestra.
> —Pero al menos podrá indicarme quién es el hablante lírico.
> —El poeta.
> —¡Qué cosa más graciosa! ¿Así que usted confunde al autor de la obra con el hablante lírico, ese sistema de símbolos creado para emitir un discurso?
> —Yo no confundo nada, señora Petzold. Es el hombre de carne y hueso, Jorge Manrique, quien sufre y se desangra verso a verso en las palabras que encadenan las imágenes de su obra. (171–172)

Como prueba de un sistema educativo caduco, se observa que Victoria es reprobada en el examen de graduación por el simple hecho de contestar de manera original y provocativa a una pregunta puramente retórica. La reacción de Victoria ante este hecho nos conduce una vez más al escenario chileno, en que la población presa del desengaño de formar parte de una comunidad libre y democrática, se encuentra con versiones enmascaradas de dictadura. Ante este impase, Victoria desaparece del liceo y vuelve a la prostitución—trabajo que ella ejercía para pagar la mensualidad de la escuela de baile—consciente de que ha perdido la batalla contra un orden enraizado hasta las más profundas bases de la voluntad humana que como tal interviene para arrebatarle el carácter y la dignidad.

El orden de los valores entra en juego en la construcción de esquemas alternativos a los impuestos por una sociedad por parte de individuos marginados como Ángel Santiago y Victoria. Dada la obstinación del régimen por acallar cualquier manifestación espontánea de libertad, dichos valores sólo pueden manifestarse dentro del camuflaje de la informalidad. La puesta en escena del baile en el teatro municipal se realiza en parte como un desafío a la prohibición estatal de expresarse acorde a los sueños de cada individuo y por otra parte, como una manera en que Skármeta le da magnitud a un evento realizado desde la marginalidad de los personajes Vergara Grey y Ángel Santiago, pues son ellos quienes ayudan al montaje de la obra como manifestación de la voluntad, la solidaridad, el aprendizaje, el amor a lo bello y como una manera de cobrarle al sistema por la impotencia y el desarraigo en el que se han visto sumergidos.

En el pasaje dedicado al cabo Arnoldo Zúñiga, Skármeta deja entrever el deseo de todo un pueblo acosado por la mano dura del Régimen de que éste asuma su "culpabilidad institucional" poniéndose al claro consigo mismo como lo declara el cabo Zúñiga a su mujer y comenzar a limpiar la gran mancha que empaña la institución militar. Esta es también una manera en que Skármeta visualiza una sociedad en la que se dé un acercamiento generacional, reconciliando el pasado de violencia con un futuro consciente de ella. El cabo Zúñiga entra en la trama como colaborador indirecto de la dictadura en calidad de militar: entiende que la represión había marcado su vida y la de muchos compatriotas y un tanto enternecido con el amor profesado por Ángel Santiago a su caballo, y su historia de abandono y rechazo, recapacita sobre el pasado y la responsabilidad del régimen para con sus víctimas. Zúñiga ve en el estado de desarraigo de un joven como Ángel Santiago el estímulo que lo compromete a ayudarlo a escapar de un fin devastador, reservado para individuos en circunstancias similares.

El arte de la danza en Victoria funciona como elemento generador de vida, que con su toque mágico la revive de las circunstancias más adversas surgidas no sólo en el entorno académico, sino en el hogar con una madre depresiva que a menudo se olvida de su presencia y de una sociedad insensible e individualista que ha optado por el silencio. Su apreciación de Victoria en Vergara Grey se resume en el pedido que hace al personal del hospital donde yacía luego de una crisis vergonzosa al verse descubierta por Ángel Santiago prostituyéndose para solventar los gastos de sus clases de baile:

> Llévenla de aquí lejos, es una chica muy simpática, con la sensibilidad y belleza de una artista, pero requiere de mucha atención. Hay que ponerla junto a gente positiva. Así como ustedes, por ejemplo. Hay que arrancarle de cuajo esa depresión que le está comiendo el coco. Si sigue con esa tristeza va a permitir que se le devore la fiebre. (223)

La muerte de Ángel Santiago por mano de Marín, el matón contratado por Santoro para evitar su propia muerte como cobro por su agresión a Ángel en la cárcel, habla mucho sobre la ironía del poder de una generación capaz de asesinar los sueños de la prole de un país empeñado en aplicar la ley del más fuerte. Ángel Santiago tampoco supo por qué tuvo que morir ni quién lo había asesinado, cuando el horizonte se presentaba óptimo para el goce de la libertad, el amor y la amistad, ironía que se justifica en la novela como modo de mostrar el estado de incomprensión por parte de una generación de adultos que fallan en reconocer al otro como extensiones de sí mismos en el gran árbol de la vida.

Por su parte, *Los días del arcoíris*, novela ganadora del premio Iberoamericano de narrativa del 2011, se desarrolla en torno al plebiscito ordenado por Pinochet en 1988 como modo de enmascarar el verdadero propósito de prolongarse en el poder por tiempo indefinido. Su aparente gesto democrático lleva a Pinochet a permitir que se hagan campañas televisivas, invitando a votar por el "Sí" a Pinochet o por el "No" a la democracia.

Dentro de esta base política, vemos a una generación de jóvenes representada por Nico, Patricia Bettini, el joven profesor Valdivieso y el Che, participando juntamente con sus padres y profesores en situaciones de profundo agobio y angustia al presenciar, en el caso de Nico, el arresto de su padre, el profesor Santos frente a todos sus compañeros. Posteriormente, el arresto, desaparición y asesinato del profesor Paredes, cuyo cuerpo degollado es observado por Nico en una dependencia militar, llega a formar parte del estado de cosas que determinarán las actitudes y acciones de cada personaje.

Utilizando recursos de la cultura popular (la música, el baile, el canto y situaciones humorísticas) Skármeta se ingenia en proyectar mayor intensidad a un evento que para muchos carecía de sentido real, al tratarse de la campaña por el *No* como opción "democrática" para derrotar al *Sí* de la dictadura y su continuidad. En su novela, Skármeta nos pinta un panorama de tonos heroicos pero modestos y pacíficos por parte de un pueblo que se entrega al poder de la música, el color, la alegría encausados todos en un sólo vaivén de justicia y libertad. Se podría decir que en cierto modo, los paladines de la esperanza, son personajes antihéroes que desde el revés del oficialismo impulsan un arsenal creativo escondido en lo más profundo de su ser, después de todo: "Pinochet tiene a medio mundo convencido de que, si pierde, Chile se irá al carajo. Tiene arrastre entre las personas que no tienen un buen recuerdo del derrocado gobierno socialista" (*Los días* 47).

De la misma manera que en *El baile de la Victoria*, *Los días del arcoíris* nos muestra las percepciones de dos generaciones sobre la vida, la filosofía, el arte y la convivencia humana. En ella vemos a un Adrián Bettini defendiendo la justicia y la democracia de manera consistente y honesta; el punto de vista filosófico del profesor Santos sobre la necesidad de tomar una posición ética ante cualquier situación, ilustrada repetidas veces por la metáfora de la caverna de Platón; la dedicación desinteresada y a veces sacrificada del profesor Paredes, y la visión menos estructurada y libre pensante de los jóvenes: Nico, Patricia Bettini, el Che y el joven profesor Valdivieso. De acuerdo con Campos Fuentes, los conflictos generacionales que se dan en las novelas de Skármeta son las características del *Bildungsroman* "una novela de crecimiento o aprendizaje, en la que el joven protagonista debe pasar por un período de desarrollo biológico y emocional, enfrentando una serie de retos que finalmente logra superar" (38). Sin embargo, por presentar el crecimiento del joven en el contexto de Chile que ha sufrido la dictadura militar por casi dos décadas, a diferencia del desenlace feliz del *Bildungsroman* típico, las novelas de Skármeta se concluyen con un final abierto insinuando que la superación del régimen represivo no termina simplemente con la caída del gobierno militar.

La campaña por el "No" asumida por Adrián Bettini, brillante publicista torturado anteriormente por el régimen y desocupado desde entonces, es el personaje al que Skármeta le otorga la tarea de bosquejar el futuro de Chile de una manera poco ortodoxa, de tintes a veces trágicos por la carga política que para éste implica una posición opositora en tiempos de dictadura. Por otra parte, la campaña por el "No" adquiere tonos humorísticos con la participación de personajes como Florcita Motuda y las a veces sarcásticas menciones al poder dictatorial desde los peldaños de un humor apaciguado pero certero.

La juventud en esta novela, comparte con sus padres y progenitores el amor filial, la amistad y la solidaridad, pero no sin discrepancias en el modo de percibir y reflexionar sobre el sentido de la existencia. Los cambios socio-culturales producidos en Chile durante los últimos quince años, había dado paso a una sociedad de más apertura a la cultura popular proveniente primordialmente de Estados Unidos y Europa, que en el ambiente de agobio y melancolía producidos por la censura, se constituye en fuente de regocijo y alegría para una juventud limitada en su modo de expresión. Canciones como *Just the way you are* de Billy Joel, bandas como The Beatles y cantantes como Bob Dylan, forman parte del repertorio de una cultura deseosa de exteriorizar sus deseos, sueños y esperanzas.

Así, en la novela se despliegan dos historias paralelas, una pertinente al personaje carismático de Adrián Bettini y otra referente a

Nico Santos, quien después de presenciar el arresto de su padre, narra los cambios políticos de su país desde su punto de vista. Por otra parte, la campaña política que atañe a la generación de los mayores adquiere voz mediante un narrador omnisciente que habla a través de Nico, en la que se observa una toma de conciencia del muchacho. Vemos entonces que ambas partes se yuxtaponen, en el momento en que el *Vals del No* triunfa con una estrategia completamente inesperada: Nico, junto con otros jóvenes, aprende a flexibilizar su pensamiento escapando de los valores absolutos del bien y del mal, de los valores de la generación de sus padres. Tal es el caso del conflicto generacional entre Patricia Bettini y el profesor Santos que surge ante el comentario de Patricia según el cual, el Ser filosófico no es más que un ente "sin finalidad de ningún tipo", ya que el Ser es "estar siendo no más". La reacción del padre de Nico no se deja esperar con total desaprobación, insistiendo en la importancia del Ser como agente en la construcción del sentido de la existencia, crucial en la convivencia humana. El juicio del padre de Nico contra Patricia Bettini, Skármeta lo utiliza para probar un punto muy importante en el desenlace de la novela, que es el del choque generacional que el autor prueba crea obstáculos en el momento de emitir juicios políticos o personales. La inteligencia de Patricia, puesta en tela de juicio por el padre de Nico y atribuida a la falta de principios éticos, saca a relucir el tono de intolerancia por parte de los círculos intelectuales para con el ciudadano común y el de la nueva generación de quien asume debe ser educado en los "verdaderos" valores. Silva Cáceres alega que en la literatura de Skármeta, los personajes jóvenes, no solamente los adolescentes sino también los niños, son los que triunfan en la vida" porque tienen "la capacidad de señalar los errores, allí donde los grandes mistifican" (20).

En el enjuiciamiento a la dictadura el escritor la ubica en proporción directa con el sentir de la nueva generación con respecto a la caducidad de las doctrinas filosóficas que impulsan a la continuidad de la lucha revolucionaria que en muchos casos revela su ingenuidad. Tal es el caso en que el profesor Valdivieso, quien reemplaza al profesor Santos le explica a Nico la razón del porqué la policía había arrestado a su padre delante de todos los alumnos; según éste, uno de sus compañeros de la clase de filosofía le había entregado al rector los apuntes del curso donde decía:

> Así se puede decir que los chilenos en la dictadura de Pinochet somos como los prisioneros de la caverna de Platón. Mirando solo sombras de la realidad, engañados por una televisión envilecida, mientras que los hombres luminosos son encerrados en calabozos oscuros. (52–53)

Esta nota sugiere un desequilibrio de fuerzas de choque, en la que una percibe a otra en términos de su propio poder o debilidad. El profesor Santos ingenuamente creía que sus alumnos estaban del lado de la justicia, el bien común y que por lo tanto eran anti Pinochetistas. Mientras, la otra, aísla al enemigo para destruirlo sin escatimar en la edad, su posición o dignidad. El arresto del padre por lo tanto, siembra no sólo la semilla del dolor perdurable, sino el dilema de callar y sucumbir al miedo o resistir hasta derrotar el origen mismo del mal.

La importancia de lo cultural y lo artístico en la narrativa de Skármeta se hace evidente en las representaciones teatrales que se realizan en el liceo donde estudia Nico, y donde su padre, ahora desaparecido, daba clases. Allí, Nico da indicios de que en la institución educativa, la desobediencia se paga con el castigo de la repetición hasta el cansancio, de fórmulas vacías que aunadas a la cultura del desamor, el odio por las diferencias de opinión o por un simple desliz de la lengua, terminan en el arresto y en los peores casos en la desaparición física de los detenidos. En medio de la angustia le agrega más impacto a Nico la muerte abrupta del profesor Paredes, quien preparaba clandestinamente una obra teatral de Tato Pavlovsky denominada *El señor Galíndez* que trata sobre los extravíos de dos verdugos que torturan a dos prostitutas enviadas por su jefe, el señor Galíndez, mientras esperan a sus nuevas víctimas. Aquí se hace evidente el comportamiento paranoico de la dictadura al aplicar censura a cualquier obra que pareciera retar al gobierno. Así, se prohíbe *El soldado fanfarrón,* una obra de Platón escrita hace dos mil años por considerarla blasfema contra el General y se arresta a los actores participantes en *El cuidador*, una obra de teatro de Harold Pinter. En una especie de mano a mano en la interpretación de los lados opositores: el uno que cree que utilizando metáforas extraídas del parnaso griego podría difundir los horrores de la dictadura, mientras que el régimen interpreta esas representaciones como espionaje intelectual, cuyo fin es la destrucción del orden, empezando con el adoctrinamiento de los jóvenes en los colegios. Por ello, la dictadura impone sistemas de censura para cualquier manifestación literaria o artística, convencida de que la libre invención y circulación de ideas pondría en peligro la continuidad del régimen. Tanto así que cree que el teatro es una mina intelectual e ideológica que puede estallar en la imaginación de los espectadores, tornándolos rebeldes y disidentes. Al igual que otras dictaduras, la de Pinochet también vivía en el sobresalto y la desconfianza hacia todo y hacia todos, viendo enemigos por doquier y, en caso de no existir, los inventaba como modo de justificar la censura y la represión que le confieren una sensación de seguridad.

Pero a pesar de que los militares alientan a los estudiantes a participar en las actividades culturales con la convicción de que estos son "antídoto contra la protesta política a la que eran propensos los alumnos" (127), lo que no se dan cuenta es queuna vez que en una sociedad quedan cegadas todas las vías a través de las cuales los ciudadanos pueden expresar sus opiniones, el arte se carga automáticamente de significados que desbordan lo estrictamente literario para pasar al ámbito político. El arte, de este modo, cumple una función subversiva, de acoso y derribo de lo existente. En la novela, se da este caso el día de la presentación del entremés *La cueva de Salamanca*, el cual es interrumpido por Nico, quien armado de coraje, pide al teniente Bruna, delante de toda la audiencia, restituya al desaparecido profesor Paredes. El teniente, luego del sorpresivo evento, responde de manera positiva a la petición del muchacho llevando a cabo las investigaciones del caso, pero al arribo al lugar de los hechos, sólo se comprueba el asesinato del docente. La visión del escritor en este episodio, cala profundamente en lo humano, aludiendo a la sensibilidad del arte, en este caso, la representación teatral como vehículo para expresar el sentir de los grupos reprimidos.

Skármeta también transmite los anhelos de una generación convulsionada por la violencia camuflada del neoliberalismo pinochetista, recreando épocas pasadas a la manera de historias y anécdotas dentro de la novela. Ellas deleitan con letras del cancionero de los ochentas como *Just the way you are* de Billy Joel, cuyo tono melancólico metamorfosea en monólogos interiores en Nico, constituyéndose de esta manera en distintos tiempos literarios. El plano histórico y el ficticio se mezclan creando otra dimensión, lo cual añade un tono sentimental al texto. Todo pasa como si Nico reescribiera sus angustias y deseos de ver a su padre a través del *pop song* americano, de tal suerte que durante el examen de filosofía le nace escribir la primera estrofa de *Just the way you are* en lugar de contestar la parte relacionada al Mito de las cavernas.

El escenario ya transformado con la estética de la música, pinta un nuevo cuadro, cuyos matices conforman una síntesis que el artista/escritor dirige desde su propia vertiente cultural. Esta es una cultura respetuosa de las diferencias, incluyente y moderna, capaz de interrogarse a sí misma para alcanzar un nivel más alto de conciencia. Este crecimiento lo transmite el padre de Nico hacia el final de la novela, cuando es rescatado, luego de haber estado desaparecido por tiempo considerable, por Laura Ibáñez, amiga íntima de Patricia Bettini, percibida por sus compañeros como la alumna menos ideal y poco politizada, además de coqueta y superficial. Ella es la personificación de la baja cultura, anti-intelectual, cuya filosofía es "vivir intensamente hoy, porque de todas maneras de repente te matan" (97). Pero el autor de la novela se encarga de borrar las asperezas que alrededor de este personaje se entretejen convirtiéndola en una especie de heroína atípica, e inyectando en la audiencia una dosis de tolerancia hacia el modo de ser de los demás.

El paso de lo íntimo y sentimental al campo ideológico, sin caer en la politización de una causa, se observa como corolario en la novela, durante los conflictos entre el "Sí" y el "No" que se patentizan aun después del plebiscito de 1988, en los últimos capítulos que describen la graduación de Nico de la escuela secundaria. Como Grínor Rojo alega, este final es un pasado reconstruido desde el punto de vista nostálgico del presente puesto que lo que sucedería después del plebiscito del 1988 no es una democracia completa, tal como soñaba el pueblo chileno, sino una democracia restringida cuyos resultados incluyen:

> la elección del político democratacristiano Patricio Aylwin como el primero de los presidentes de la post dictadura, la impunidad de Pinochet, la permanencia en el aparato del Estado de los ex funcionarios de la dictadura y su regreso eventual, "pasito a pasito", "votito a votito", al poder. (Rojo 248)

En la ceremonia de graduación Bettini discute con Fernández, ya ex ministro del Interior, sobre el porvenir político de Chile, y ante la afirmación de Fernández de que "vamos a volver al poder, esta vez paso a paso, pasito a pasito, votito a votito" (232), Bettini lo abarca con la presentación de la fábula de las ranas, cuya interpretación es distinta para cada uno. La fábula trata de un grupo de ranas insatisfechas con su vida licenciosa, por lo que peticionan al dios Júpiter la llegada de otro rey, que resulta ser una cigüeña que se come a las ranas. Para quienes conocen esta fábula, sabrán que la moraleja está en que anterior a este rey, las ranas habían hecho ya una anterior petición que era la misma de tener un nuevo rey, pero en la primera ocasión, el monarca enviado por Júpiter era un madero seco y pesado que cae encima de la charca donde nadaban las ranas. Despavoridas por el ruido, huyen, para luego regresar más calmadas, y al observar que se trataba de un simple madero, proceden a quejarse de la ineptitud y pasividad de ese rey, por lo que Júpiter les envía la cigüeña. Las ranas, insatisfechas por la crueldad con que la cigüeña se comía a sus compañeras, hacen entonces una nueva petición. Fernández, sin afán de interpretar la fábula responde ante la insistencia de Bettini que el pueblo chileno había pedido orden y que precisamente eso se les había dado. Ese rey es obviamente Pinochet; que en otras palabra es lo que se merece el pueblo chileno después de haber tenido un rey "inepto" y demasiado "pacífico" como Allende, además de que añade: "Hay que ser moderno y sentarse en las diferencias", frase que lleva a concluir que el régimen piensa que el "Sí" o el "No" solo tiene un significado político, y como todo lo político, se presta a cómodas posiciones. Mientras, Bettini responde: "Usted siéntese en lo que quiera y donde quiera. Yo, no. La pugna entre el "Sí" y el "No" va a permanecer mucho tiempo, porque es un asunto de vida o muerte. Se deja vivir a los que piensan distinto o se los mata. Yo no me voy a olvidar nunca de lo que pasó" (233–234). Con ello, Bettini concluye que la justicia y la libertad son negociables. Se consolida así la tesis de este análisis, de que la visión del escritor es una que vierte la mirada de un pasado recreado por mentes juveniles, cuyos anhelos de vida se ajustan a la necesidad de toda una sociedad por vivir en armonía, con la música que exalta el espíritu e invita a la paz, la libertad y la justicia. El triunfo del "No" es, por tanto, no una opción simple y llana, sino una convicción que representa el rechazo a la era del terror en un país que ha alcanzado un nivel de conciencia por haber sobrellevado el sufrimiento, la impotencia, la pérdida de seres queridos, las huellas lacerantes físicas y emocionales de la violencia estatal, la traición de algunos vecinos o compañeros de trabajo, todo ello tolerado por muchos so pretexto del bienestar económico atribuido a la dictadura, pero que al fin terminó por cederle el paso a los derechos humanos como estandarte de una sociedad digna y democrática. A esto, Skármeta le añade la necesidad de humanizar a la sociedad mediante el arte y la cultura como acontece en *El baile de la Victoria* con la danza, un arte que se contrapone a una visión estrictamente ortodoxa de la sociedad y el individuo.

En resumidas cuentas, ambas novelas provocan una nostalgia de hace dos décadas; la época de la transición política tras la larga dictadura. Ese período de tiempo se convierte en el objeto de fascinación en la literatura de Skármeta a pesar de que la recuperación de la democracia no llegó a satisfacer al pueblo ni resolvió los problemas causados por el régimen anterior. Hablar de democracia como un valor de suma importancia se vuelve fascinante, especialmente porque hoy la democracia es un campo muy susceptible y una meta casi utópica. Sin embargo el problema estriba precisamente en explicar por qué aquella época de gran agitación política y de impotencia generalizada, ejerce—no a pesar de ello, sino por esa misma razón—semejante encanto nostálgico. El objeto imposible que sustenta ese encanto puede atribuírselo a una mirada que se sustenta en otra, que existió antes, mítica, ingenua de aquella época que todavía creía que la democracia acabaría con la dictadura y rompería con todos los males del régimen anterior. Al leer ambas novelas, el lector se siente fascinado por esa mirada que le infunde una fe inmediata en el cambio político. Por ello resulta altamente indicativo que los protagonistas de ambas novelas son adolescentes.

Obras Citadas

Cáceres, Raúl Silva (contributor). *Del cuerpo a las palabras: la narrativa de Antonio Skármeta.* Madrid: Literatura Americana Reunida, 1983. Impreso.

Campos Fuentes, María Cristina. "*No pasó nada* de Antonio Skármeta: Exilio, identidad y adaptaciones de un texto." *Céfiro* 8 (2008): 36–51. Impreso.

Gómez Mendoza, Ernesto. "*El baile de la Victoria* de Antonio Skármeta: cuento relleno con guarnición de crónicas y baladas en su salsa." *Huellas* 76–77 (2006): 30. Impreso.

Lászlo, Scholz. "Antonio Skármeta." *Hispamérica* 28 (1999): 61–66. Impreso.

Moody, Michael. "Entrevista con Antonio Skármeta." *Confluencia* 17 (2001): 104–111. Impreso.

Rojo, Grinor. "Ficción e historia en *Los días del arcoíris*, de Antonio Skármeta." *Revista Chilena de Literatura* 92 (2016): 233–249. Impreso.

Shaw, Donald Leslie. *The Post-boom in Spanish American Fiction.* Saratoga Springs: State University of New York Press, 1998. Impreso.

Skármeta, Antonio. *Soñé que la nieve ardía.* Madrid: Literatura Americana Reunida, 1981. Impreso.

———. *La insurrección.* Hanover: Ediciones del Norte, 1982. Impreso.

———. *El baile de la Victoria.* México: Planeta, 2003. Impreso

———. "Dos tercios de la riqueza de Chile depende de empresarios muy dinámicos." *El Diario Exterior.* El 16 de abril (2005). Web. 17 Mar. 2011.

———. *Los días del arcoíris.* México: Planeta, 2012. Impreso.

Capítulo 9

El mismo sueño en dos utopías en *El paraíso en la otra esquina* de Mario Vargas Llosa

El paraíso en la otra esquina (2003), novela de Mario Vargas Llosa, narra el peregrinaje de dos individuos de espíritu aventurero a mundos alternativos, donde creen encontrar un estado de realización absoluta, apostando el presente con todas sus implicaciones personales, sociales y culturales. Es en base a este principio que Mario Vargas Llosa explora la vida de Flora Tristán, prominente escritora y luchadora por los derechos de la clase obrera y el de las mujeres, además de que sigue el rastro humano y artístico del pintor francés, de origen peruano, Paul Gauguin, de quien rescata su espíritu indómito y reacio hacia las normas sociales imperantes, manifiesto en su asidua lucha por encontrar nuevas formas de expresión artísticas. Vargas Llosa propone así, la realización de una utopía en base a una reinvención estética potenciada por Paul Gauguin, y otra, revolucionaria pacífica y liberadora, impulsada por Flora Tristán. Se remite para ello, al escenario europeo de fines del siglo XIX, etapa caracterizada por cambios sociales, científicos e industriales drásticos, de los cuales, el escritor muestra el lado oscuro de una Europa en pleno auge industrial, cuyas políticas liberales abarcan una tenaz explotación laboral que aparte, amenazan las sensibilidades humanas y artísticas en nombre del progreso.

En este ambiente, Llosa nos revela las aspiraciones y afanes de toda una época adentrándose en las visiones quiméricas de sus dos personajes, quienes agobiados por un presente incongruente con su ideal de vida, emprende una búsqueda obsesiva por encontrarlo; a pesar de que en su trayecto tropiezan contra la misma idea de vida plena que los impulsa. Es en esta coyuntura que Vargas Llosa problematiza la noción de utopía tradicionalmente entendida como el "no lugar" que lleva al desencanto total del sujeto emprendedor de ella y que al final se torna en horror, al ver desmoronado el "paraíso" que lo empujaba a realizar el viaje. Contrario a ello, veremos que Llosa, a más de situar la utopía en el contexto específico del desencanto personal llevado a lo colectivo de una época, busca además entender la utopía como una herramienta de lucha contra la monotonía y el estancamiento personal, rompiendo con las limitaciones sociales, culturales y estéticas donde establecer nuevas bases para un desarrollo integral del individuo y la sociedad. Es así, que bajo estas premisas Llosa nos lleva de la mano a indagar en cada una de las visiones que conducen a los personajes a emprender empresas solitarias, cuyos caminos escabrosos no los detienen en su obstinada búsqueda. En este sentido, es muy significativo el enfoque prioritario que se le da en la novela a los viajes que culminan con la muerte de ambos personajes sin que ello signifique necesariamente la muerte del impulso que queda reflejado por un lado, en la creatividad alcanzada por Gauguin y demostrada en las nuevas formas de concebir el arte y la sexualidad. Por otra, Flora Tristán logra, en su liberación personal, proyectar su visión de igualdad y justicia hacia las mujeres y la comunidad obrera.

En base a estos argumentos, propongo un análisis comparativo de la novela de Vargas Llosa, substanciado en dos utopías: una denominada de "reconstrucción" propuesta por Lewis Mumford que es la que emprenderá Flora Tristán en su trayecto hacia un ideal colectivo de carácter social y político; y una de "evasión" sugerida por el mismo teórico, en la que Paul Gauguin constituye el ideal individual de liberación en lo social, lo artístico y lo sexual. Con respecto a las diferencias de estas dos utopías en la novela de Vargas Llosa, Oelker afirma que "mientras Flora busca realizar su visión utópica en Francia, es decir, en su hoy y en su aquí, Gauguin tiene la ilusión de hallarla en otro lugar, más allá de sus latitudes geográfica y cultural" (Oelker 62). Por otro, Ricardo Gutiérrez Mouat sugiere que el pensamiento de Flora Tristán puede resumirse en un "cosmopolitismo de la igualdad" mientras que la de Gauguin en un "cosmopolitismo de la diferencia" (Mouat 398).

Mediante este examen contrastante, espero situar a las utopías como herramientas en que el ser humano desadaptado, excluido o simplemente incomprendido, desarrolla estrategias para escapar de su circunstancia de desarraigo social, seleccionando los aspectos imaginativos claves en su desarrollo para construir mundos a la medida de sus aspiraciones. Como veremos, la utopía de Flora Tristán busca la igualdad entre hombres y mujeres como emblema de lucha contra la opresión económica de la clase trabajadora y el maltrato a las mujeres, mientras que la de Gauguin persigue en la diferencia, tanto racial como de género, el establecimiento de un modo alternativo fundado en la exploración delo exótico. En ambos casos, es importante subrayar que utopía y cosmopolitismo convergen en algunos puntos, a pesar de que los protagonistas no parecen habitar el mismo mundo del cual se identifican como ciudadanos (Mouat 399); entre ellos, la ruptura con su tiempo de inconformidad e inautenticidad, además de la compatibilidad consanguínea que en términos populares se puede concebir como el "llamado de la sangre".

Utopía de "reconstrucción" de Flora Tristán

En Flora Tristán se puede identificar un enlace entre lo personal y lo colectivo cuyo horizonte apunta hacia un pasado idílico como base para reconstruir el presente. Su acontecer personal, por tanto, está íntimamente ligado al desarrollo de su pensamiento social y político. No se puede ignorar el hecho de que su matrimonio con André Chazal influyó enormemente en el encausamiento de su activismo político en pos de las mujeres y de la clase obrera, dado que sufrió en carne propia el desamor y los maltratos deun marido celoso y violento. Subsecuentemente, también fue objeto de ostracismo familiar y social por abandono del hogar y por perseguir ideales considerados en su época poco dignos de una mujer.

El temor a repetir la experiencia con Chazal, juega un papel preponderante en el ideal de reconstrucción de la sociedad de Flora en la que la mujer nunca debía someterse a una condición de obediencia y sumisión ante el hombre, pensamiento que Flora intenta proyectar hacia su lucha por la igualdad derechos de la mujer ante la ley. Su viaje al Perú en 1833, refleja en gran medida este temor al servilismo y el encarcelamiento físico y mental que la institución matrimonial ejerce sobre las mujeres, que lo demuestra en su actitud de evasión al compromiso formal; primero con el capitán Zacarías Chabrié, con quien se permite ciertas galanterías sin que esto significara el inicio de un pacto amoroso, mucho menos matrimonial; luego con Clemente Althaus, esposo de su prima Manuela, hacia quien siente, una gran atracción que bordea el enamoramiento, pero que a la vez ejerce en Flora un gran repudio hacia lo que ella percibe como un retorno al ambiente nefasto de su vida pasada con Chazal. De igual manera, su atracción al coronel gamarrista Bernardo Escudero, se transforma en pavor en el momento de la seducción, en el que el acercamiento físico parece romper repentinamente con la magia: "¡No, no. Dios mío, qué locura! ¡Nunca, nunca! ¿Volver a aquello? ¿Sentir en las noches, que un cuerpo velludo, sudoroso, se montaba sobre ti y te cabalgaba como a una yegua? La pesadilla reapareció en tu memoria, aterrándote" (315).

Ante este escenario triste y doloroso, cabe precisar que si bien las utopías significan el punto final de un largo trayecto, muchas veces penoso y fatal, también son un modo de esquivar y sobrellevar las crisis presentes. En el caso de Flora, por ejemplo, puesto que su lucha se antepone a cualquier pretensión amorosa, ve necesario sortear situaciones consideradas por ella como riesgosas a su serenidad presente y a la incertidumbre asociadas con el deseo.

La gran persistencia de Flora en alcanzar sus objetivos se convierten en actos heroicos, si tomamos en cuenta la magnitud de una empresa política sobrellevada en gran medida por un individuo ideológicamente solitario en sus ideales, dada la crítica arrojada por una multitud socialmente cargada de prejuicios contra una mujer, a la vez privada del apoyo familiar. Así vemos que a partir de la publicación de su libro *Peregrinación de una paria* (1837), el antagonismo de la aristocracia peruana y el de la familia no se hace esperar; pues ante el éxito de su libro en Francia, Flora cesa de recibir de su familia la pequeña renta económica que la mantenía al margen de la miseria. No era de admirarse de dicha reacción, dada la extensión de las críticas que Flora dirigía a las élites peruanas de las que desdeñaba su pose racista y derogatoria hacia sus súbditos, además del mantenimiento de un sistema feudal en tiempos post-coloniales. Como afirma Oelker, el sueño utópico de Flora puede resumirse como el constante intento de "superar las consecuencias históricas del devenir otro a través del imperativo de la igualdad" (81).

Pero es quizás el pináculo de sus vicisitudes, la agresión casi mortal proveniente de su esposo, quien en un arrebato de celos por los rumores difundidos sobre las intimidades de Flora durante su viaje al Perú, le descarga un disparo, cuya bala se aloja cerca del corazón, y que años más tarde, le provocaría la muerte. Pero como era de esperarse en una época en que la mujer tenía poco o casi ninguna representación jurídica, las denuncias de Flora ante tal atraco de su marido no sirvieron más que para que las autoridades ahondaran en su vida personal para recriminarla por abandono de hogar, y actos indignos de una mujer, refiriéndose a su activismo político. A esta tenaz fijación en la lucha por un ideal, Mario Vargas Llosa la resume en estas palabras:

> El haber estado a punto de morir, el haber sido humillada públicamente en ese juicio, se convierte para ella en una experiencia que elabora y reelabora, y de la cual saca unas conclusiones sorprendentes y admirables: la necesidad de luchar, de luchar con todas las fuerzas de la que es capaz para remediar esa situación, para cambiar esa sociedad donde las mujeres siguen siendo ciudadanas de segunda clase, desprotegidas y relegadas a meros instrumentos de placer por el hombre o sombras furtivas en un mundo exclusivamente masculino en todo lo que es importante. (19)

En contraste con las mujeres de la burguesía francesa, por quienes Flora sentía agobio por su falta de identidad y voluntad propia están aquellas que había observado en sus viajes por el Perú y que según sus propias descripciones, eran dignas de admiración como doña Pancha o la Mariscala, esposa del general Agustín Gamarra, quien vestida de bostas, montaba a caballo y manejaba el látigo y la pistola con soltura y buena predisposición. Suscitan también su admiración a las "rabonas", soldaderas "indias o zambas" que luchaban junto al ejército y las "tapadas" limeñas invisibles debajo de la "saya", que "montaban a caballos vestidas de hombre" fumaban, apostaban y disfrutaban de mayor libertad que las francesas. Se puede inferir entonces que de este arquetipo femenino debía emerger la mujer renovada con carácter fuerte y asertivo en igualdad de derechos con los obreros del mundo. Tal es su pugna por este ideal que en su visita por varias ciudades como París, Lyon, Marsella, Toulon y Burdeos, Flora muestra que su propósito es "luchar contra las imperfecciones de este mundo en este mismo mundo, mejorarlo, cambiarlo hasta hacer de él una patria feliz para todos los mortales" (411), demostrando con ello la magnitud de un proyecto construido dese el imaginario de un solo individuo hacia el plano concreto de la sociedad. En ella, Flora visualiza un mundo sin clases sociales, sin discriminación étnico-racial, donde el colonialismo existiera como evento de un pasado infame, donde las mujeres del planeta disfrutaran de los beneficios de la educación y la cultura, los obreros del trabajo bien remunerado y donde se respetaran sus derechos, en fin, donde la civilización dirigiera su rumbo hacia el progreso de todos y cada uno de los seres de este planeta. Por ello piensa que "la única manera de emancipar a la mujer y conseguir para ella la igualdad con el hombre, era hermanando su lucha a los obreros, las otras víctimas, los otros explotadores, la inmensa mayoría de la humanidad" (402). De igual manera, la opresión económica identificada como punto de convergencia entre la causa masculina y femenina, lleva a Flora a pensar en un movimiento en que la igualdad del hombre y la mujer se convierte en el principio más relevante de la *Unión Obrera*, título de su libro en el que sintetiza el ideario en que se fundamenta su proyecto de "la sociedad libre y justa que se debía construir aquí y ahora" (309) y cuya realización anticipa en los comités que va fundando en su viaje por Francia. Esta creencia en un mundo de felicidad y bienestar permanente llega a apropiarse de Flora a tal punto que su activismo político concreto se pierde a veces en lirismos desenfrenados al querer abarcar al universo social desde la tímida añoranza del ámbito personal. Cabe recalcar la imagen impregnada en Flora de una escena de niños jugando en una plaza de Auxerre, en la que un niño con los ojos vendados pregunta al grupo sobre la ubicación del paraíso, a lo que los demás responden que debe ir a buscarlo en la otra esquina. El paroxismo originado por la realidad presente de Flora, en contraste con la imagen idílica de una infancia feliz evocada por la escena de los niños, justifica en cierto modo su visión un tanto delirante al intentar solucionar las disparidades sociales mejorando las condiciones laborales de los obreros y abriendo espacios de justicia e igualdad jurídica a las mujeres que incluyeran el derecho al divorcio, la abolición del sistema capitalista y la pena capital; en otras palabras, su intento por transformar un sistema ineficiente e imperfecto, en un mundo de permanencia ideal. Sobre este elemento de éxtasis enajenante característico de la utopía de Flora, al igual que de otras utopías de su época, Mario Vargas Llosa afirma:

> De hecho, su paraíso tiene aspectos muy pragmáticos, y otros absolutamente delirantes; ya que la idea de organizar la vida de una persona desde la cuna hasta la tumba, prácticamente sin dejarle la menor autonomía para una iniciativa que le permitiera organizar su vida de acuerdo a sus propios deseos, es una idea utópica, totalmente impracticable: es la idea que, cada vez que se ha tratado de materializar en alguna utopía encarnada, ha producido el Apocalipsis. (Krauze 61)

Ese "apocalipsis" al que se refiere Llosa se ve reflejado en el acorralamiento social y psíquico experimentado por Flora a lo largo de su trayectoria hacia la utopía: el abandono, el ostracismo, el agotamiento físico y mental y finalmente la muerte como consecuencia de la ira y la violencia. En este sentido, Flora comparte esta naturaleza con su nieto Gauguin, quien rechaza las censuras sociales; por lo que ambos siguen luchando para alcanzar su esquivo "Paraíso".

Utopía de "evasión" de Paul Gauguin

Para Paul Gauguin, lo individual se antepone a lo colectivo en la construcción subjetiva de unión entre arte y vida que empieza con el deseo de encontrar respuestas concretas al sentido y propósito de la existencia

¿quiénes somos?, ¿adónde vamos? Su trayecto hacia la utopía transcurre entre encuentros y desencuentros con la realidad en un enfrentamiento con la imagen fragmentada del mundo prístino de su imaginación que al final se interioriza en el goce solitario de su mundo idílico. Sobre el sueño utópico de Gauguin, Hedy Hebra la explica como un proyecto "muy individualista, por su egoísmo y fuerza creadora sin límites" (20). El paisaje y los habitantes del paraíso de Gauguin se esfuman en el momento en que éste ejecuta la transferencia de lo subjetivo a lo pragmático.Veremos que a diferencia de su abuela Flora Tristán, la utopía de Gauguin, no pretende construir un paradigma colectivo, ni recetas universales para su realización. Gauguin representa en este sentido, el instinto y la imaginación opuestos a la razón humana, la libertad individual en contraposición a la justicia social y los derechos del individuo de espalda a los de la colectividad. Sin embargo, hay que reconocer que su huida de Europa y de su modo de vida constituye un emprendimiento penoso por el hecho de haber existido y dejar de ser, para convertirse en memoria incómoda, pero presente a pesar de su empeño en evadirla. En Flora vemos lo contrario, la evocación del pasado feliz, el bienestar económico y social, la primacía de la razón y el intelecto y el triunfo de la civilización sobre la barbarie.

En Gauguin es innegable que su utopía está íntimamente ligada a la idealización de un arte genuino, distinto al practicado por el academicismo burgués; un arte cuyo nexo es la vida misma. Para este fin, se auto impone la renuncia a los dictámenes moralizantes de una sociedad carente de espíritu: "[P]orque soy un salvaje. Mi moral no es la de los burgueses. Ahora, mis instintos ordenan mis actos. Gracias a esta nueva filosofía seré un gran artista" (438), además de que asegura que "la salud de la pintura pasaba por huir de París" (82), e ir en busca de "las raíces del mundo primitivo" (117) cuyas culturas "lucían una fuerza, una belingencia espiritual que se había evaporado en el arte contemporáneo" (386). Su viaje obedece a la necesidad de encontrar una subjetividad propia, en un lugar primigenio, donde el arte y el paisaje coexistan en una simbiosis única. Pero a pesar de que esta iniciativa es en parte personal, es preciso aclarar que ésta era además una tendencia que en Europa se había difundido y llegado de manera especial a ciertos sectores de la comunidad artística con mayores muestras de inconformidad con el arte de su tiempo. Es así que llevado por el misticismo de lugares lejanos recogidos en textos como *Rarahu* o *Le Mariage de Loti*, de Pierre Loti, Gauguin emprende su viaje a Tahití, descrita en la narrativa de Vargas Llosa como "[U]n Paraíso terrenal antes de la caída, con una naturaleza bella y ubérrima y unas gentes libres, sanas, sin prejuicios ni malicia, que se entregaban a la vida y al placer con naturalidad, de manera espontánea, llenas de entusiasmo y vigor primitivos" (334).

La relación incondicional de Paul Gauguin con el arte, al final, lo llevan a anteponer su misión de artista a la de esposo y padre de familia, pues a su juicio, "el amor estaba excluido de [la] existencia, obstáculo insalvable para [la] misión de artista, pues aburguesaba a los hombres" (43). Es así como en un intento por justificar su abandono, en pos del auténtico arte, Gauguin expresa la incompatibilidad del amor con la vocación artística: "para un artista, el amor debía tener el exclusivo contenido físico y sexual que tenía para los primitivos, no afectar los sentimientos, el alma" (290). Para Gauguin, el paraíso debía regirse por parámetros distintos a los que dejaba atrás; éste debía constituirse en una fuente de inspiración artística, donde la materialidad del cuerpo tendría sentido en la alteridad de la sexualidad primitiva. Su preferencia por el mundo primariopor lo tanto, lo ubica en contraposición a todo valor burgués, cuyo resultado es una regresión marcada en su comportamiento que deviene en la adopción de formas preculturales, primitivas de vida y creación artística.

El breve acuerdo entre Gauguin y Vincent Van Gogh de compartir espacios comunes para experimentar su arte constituye otro ejemplo de desmoronamiento de una utopía que en teoría parecía comulgar perfectamente con los ideales de todo artista que son los de romper con el trabajo solitario, sustituyéndolo con el deleite de la amistad, el intercambio de ideas, el trabajo compartido y la convivencia diaria; en definitiva, una "comunidad de artistas-monjes, apartados del mundo, refugiados en un país lejano y primitivo, sin vínculos con la civilización materialista, entregados con cuerpo y alma a la pintura e inmersos en una fraternidad sin sombras" (333). Contrario a lo previsto, la cohabitación resultó en fracaso dadas las circunstancias de dos artistas de visiones distintas en lo concerniente al arte, y cuyos temperamentos rompían con cualquier intento de coexistencia pacífica.

Expresión de esa búsqueda es su cuadro *¿De dónde venimos?, ¿Quiénes somos?, ¿Adónde vamos?*, cuya figura central de rasgos andróginos rompe el ritmo de lo cotidiano, además de que sugiere, mediante la figura en el centro de la pintura, una totalidad sin quiebres ni contradicciones. Más adelante, comenta Gauguin sobre sus pinturas, la relevancia que en ellas tiene la ambigüedad como única manera de lograr que sus cuadros se constituyan en la creación de una nueva realidad. Esta manera de abordar el arte, Gauguin la transfiere al ámbito sexual, donde de manera correlativa, se evidencia en la ambigüedad de su obra. Así, vemos que a su llegada a Tahití, Gauguin inicia un rompimiento con los esquemas sexuales europeos, luego de unirse a las prácticas sexuales ancestrales de la isla. En su afán de distanciamiento del mundo, Gauguin construye una afinidad con los lugareños dejándose crecer el cabello y adoptando su modo de vida. Su cabello largo, sin embargo, es motivo de asombro y burla para los nativos, por lo que llegan a calificarlo como *mahu* (miembro del tercer sexo); calificativo que en cierto modo coincide con el deseo de Gauguin de experimentar la sexualidad como arte en gran parte instigado por la naturalidad con que los nativos la practican. Llevado a la práctica, Gauguin concibe la sexualidad de manera innovadora, de la misma manera que el paisaje tahitiano es poseído por su pincel. De la misma manera, persiguiendo a un joven de la isla por el bosque, "[l]a sangre de [Gauguin] hervía; tenía los testículos y el falo en ebullición. Pero…no era exactamente el deseo acostumbrado, saltar sobre ese cuerpo gallardo para poseerlo, sino, más bien, abandonarse a él, ser poseído por él igual que posee el hombre a la mujer" (71–72). Esta nueva manera de ejercer el erotismo, sin las prohibiciones típicas de las sociedades europeas marcan un nuevo hito en la producción artística de Gauguin, pues a saber de este momento, Gauguin pintamujeres tahitianas "con músculos y cuerpos de hombres" y a los hombres tahitianos "como si fuera[n] […] mujer[es]" (435).

Pero dado el constante rechazo de la Iglesia católica contra los *mahúes*, Gauguin empieza a considerar la ambigüedad sexual como parte integral de la utopía y a las autoridades coloniales como la peor plaga destructora del paisaje puro y natural con su decadente civilización. Paul para ese entonces, era un bohemio perdido, un pagano y un subversivo que estorbaba el progreso de la civilización en las colonias desde el punto de vista de las autoridades coloniales y los misioneros. En efecto, Gauguin se muestra como un revolucionario en ciernes cuando critica las restricciones y obligaciones que las autoridades coloniales imponen a los maoríes en la Polinesia francesa, a lo que las autoridades responden con una ordena "proceder cuanto antes contra el individuo Gauguin, hasta quebrarlo o aniquilarlo, pues susataques a la escuela obligatoria y el pago de impuestos socavan el trabajo de lamisión católica y subvierten a los indígenas a los que Francia se ha comprometido a proteger" (469).

Durante los últimos años de su vida, Paul Gauguin experimenta el aislamiento y la soledad sumados a sus dolencias físicas causadas por la enfermedad. El fervor y la frescura del paraíso se habían extinguido para entonces en su forma material, no así en la memoria y la imaginación de Paul Gauguin, para quien la adversidad le hace persistir en su tarea de pintor eternizado en el arte. Con una apariencia poco atractiva por la enfermedad y el agotamiento, Paul ya no despierta el deseo en las jóvenes de la isla, ni tampoco los nativos lo ven como pintor, tal así que las muchachas que entran en su vetusta habitación no miran sus cuadros sino las postales pornográficas pegadas a la pared. Atacado por la sífilis, una "enfermedad impronunciable", como la llama Gauguin en tono mordaz, y a sus dolencias, desde el punto de vista burgués, "una marca infamante", adquieren en Gauguinuna "credencial del hombre sin frenos (…), liberado de remilgos, de respetos, de tabúes, de convenciones, orgulloso de [sus] impulsos y pasiones" (83–84). Pero a pesar de que Paul muere años más tarde consumido por su enfermedad, irónicamente, esta misma le sirve de estímulo para impulsar su arte, de tal suerte que pinta "comido por la excitación y ese hervor de la sangre que le crispaba la piel, subía hasta su cerebro y lo hacía sentirse seguro, poderoso, triunfante" (200).

La muerte para ambos personajes de la novela en suma no significa el fin de la utopía, sino la negación de lo cotidiano, la realidad que los oprimía. Por eso, cuando Gauguin afirma que se le esfumaba "aquella frontera que, antes, separaba de manera tan estricta el sueño y la vida" y que sus experiencias presentes eran lo que siempre anhelaba pintar (480), se está refiriendo a que la muerte pone al descubierto el sueño utópico en las obras pintadas en un estado de delirio.

El agravio es la razón por la que Flora emprende el viaje hacia una utopía en la tierra; la visión hacia un horizonte genuinamente artístico, el arranque de Paul, y en ambos, el deseo de formar y ser parte de un nuevo orden. Flora y Paul reflejan esa doble cara, esa doble versión, esa imaginaria frontera que separa y complementa a la utopía de reconstrucción de la utopía de evasión; que separa la utopía como culminación de un proceso histórico a la utopía como visión retrospectiva hacia lo primitivo, hacia la Arcadia que nunca existió.

Vemos además, que a pesar de que tanto Flora como Gauguin transitan hacia su utopía desde ideologías diferentes, casi opuestas, ambos comparten su condición de parias; Flora, forzada por las circunstancias adversas que desde todos los ángulos de la sociedad la obligan a deambular por el mundo buscando refugio y protección. Paul Gauguin, por su parte es un paria por voluntad propia, pues a pesar del desengaño al encontrar el "paraíso" transformado por la colonización europea, persiste en habitar los últimos espacios visibles de un grupo humano sometido al sincretismo cultural resolviendo sus contradicciones en una síntesis artística.

Ambos protagonistas enfrentan al mundo con una actitud rebelde, de oposición y resistencia al orden establecido. Ellos aspiran a transformar el mundo en función de una visión alternativa de la realidad, que se anticipa, sea a través de la creación artística, o mediante la concientización de la sociedad. La utopía presentada por Mario Vargas Llosa, según la visión de los dos personajes, no es realizable ni tiene su ubicación en el futuro como promesa remota. Lo que el autor procura recalcar en estos sueños frustrados es que la verdadera utopía radica en el proceso, en el trazo mismo de ese sueño lejano tal como Oelker sostiene que "a pesar de este peligro que explica el fracaso de sus sueños utópicos y la consiguiente desilusión de Paul Gauguin y de Flora Tristán, son ellos la fuente de su esperanza, de su fuerza de voluntad innovadora y de la energía impulsadora de su acción" (82). En este sentido, la utopía permanece en estado latente por un lapso de tiempo al actuar como si el futuro utópico marcara una meta, no totalmente en un aquí, sino, ya casi a la mano, esperando en la línea de meta su realización.

En resumidas cuentas, se puede decir que en materia de utopías, que la esencia inherente de ese mundo radica en su movimiento constante. Es por ello que en ambos personajes el sufrimiento en busca de la utopía no se trata de una expropiación presente que tienen que aguantar por la felicidad y la libertad. Ellos ya son libres mientras luchan por la libertad, ya son felices al luchar por la felicidad, no importa cuán difíciles fuesen las condiciones. La búsqueda por la utopía no es un acto cuyo valor puede ser legitimado o deslegitimado por el resultado a largo plazo de los actos presentes; por el contrario, es como si fuera su propia prueba ontológica, un índice inmediato de su propia verdad.

Obras Citadas

Castro-Klarén, Sara. *Understanding Mario Vargas Llosa*. Columbia, SC: University of South Carolina Press, 1990. Impreso.

Habra, Hedy. "Flora Tristán: de aventurera a visionaria en *El paraíso en la otra esquina*." *Alba de América Revista Literaria* 29 (2010): 105–120. Impreso.

———. "Los submundos pictóricos de una diarista: dualismo e hibridez de Gauguin en *El paraíso en la otra esquina*." *Latin American Literary Review* 39–77 (2011): 7–27. Impreso.

Jacoby, Russell. *The End of Utopia: Politics and Culture in an Age of Apathy*. New York: Basic Books, 1999. Impreso.

Krauze, Enrique. "Utopías: conversación con Mario Vargas Llosa". *Letras Libres* (2004). Web 5 abr. 2015. http://www.letraslibres.com/mexico/utopias-conversacion-mario-vargas-llosa

Mumford, Lewis. *The Story of Utopias*. New York: Viking Press, 1962. Impreso.

Mouat, Ricardo Gutiérrez. "Cosmopolitismo y hospitalidad en *El paraíso en la otra esquina*, de Mario Vargas Llosa." *MLN* 123 2 (2008): 396–414. Impreso.

Oelker, Dieter. "Cuando el mundo posee el sueño de una cosa: para una lectura de *El paraíso en la otra esquina* de Mario Vargas Llosa." *Atenea* 490 (2004): 59–85. Impreso.

Oviedo, José Miguel. *Mario Vargas Llosa: la invención de una realidad*. Barcelona: Seix Barral, 1970. Impreso.

Rangel, Dolores. "Los extremos de la sexualidad en la caracterización literaria de Vargas Llosa: El chivo, Gauguin y Flora Tristán." *Hispanet Journal* 1 (2008): 1–24. Impreso.

Vargas Llosa, Mario. *El paraíso en la otra esquina*. Bogotá: Alfaguara, 2003. Impreso.

Williams, Raymond L. *Mario Vargas Llosa*. New York: Ungar, 1986. Impreso.

Conclusión

Posterior al éxito de autores como Miguel Ángel Asturias, Alejo Carpentier y Gabriel García Márquez, la literatura latinoamericana se ubicaba en el mapa mundial con su peculiar sello: el realismo mágico. Así lo sugiere el escritor mexicano Jorge Volpi en su artículo "El fin de la narrativa latinoamericana", donde manifiesta además, que dicha particularidad literaria, fue responsable de la expulsión del colonialismo cultural del continente. Sin embargo, y a pesar de que no todos los escritores latinoamericanos se suscribían a esta tendencia, lectores y críticos literarios, en especial los de Europa y Estados Unidos, reclamaban la continuidad de este estilo, a cuyo reclamo se sumó la presión ejercida por el mercado. Es así como escritores cosmopolitas, adherentes o no al realismo mágico, tenían como principal agenda, integrarse "a las grandes corrientes de la literatura universal" (40), razón por la que autores nuevos, representados por la generación *Crack* y del *McOndo,* según Volpi, resistían a dichos formulismos provenientes desde fuera, y más bien optaron por emitir sus propios enunciados, cuya idea, no consistía en renunciar a lo latinoamericano para copiar modelos extranjeros, como señalaron algunos críticos, sino perseguir la misma libertad artística alcanzada por el boom.De ahí que sus temas intentaban abandonar los lugares comunes y su voluntad fuese la de escapar a toda costa de la fácil clasificación de "escritor latinoamericano". (40)

Pero lejos de entrar en deliberaciones concernientes al estilo y carácter literario mediante la selección de novelas con rasgos pertenecientes al realismo mágico, el objetivo de este libro es el de establecer un vínculo entre psicoanálisis y ficción; esto es, el de demostrar la manera en que el yo confronta ciertas instancias del otro que trascienden al individuo y se adentran en una región más amplia conocida como el gran Otro. Con ello, no sugiero que el realismo mágico no merite un estudio de índole psicoanalítico, sino que, en lugar de destacar el "realismo mágico" como eje fundamental de la narrativa latinoamericana, procuro dilucidar el modo en que las coerciones sociales y libidinales se manifiestan en las novelas.

Para este efecto, aludo a las divergencias entre las propuestas de Lacan y Freud con respecto al nexo entre el yo y el inconsciente. Para Freud, el yo ejerce supremacía sobre el ello (inconsciente), en tanto que lo que dice o quiere, corresponde a las pulsiones irracionales expresadas en el lenguaje. Con ello se querría demostrar que el lenguaje es suficiente para indagar en las profundidades del inconsciente; y que el yo, desde su condición racional y lúcida, determina la naturaleza mítica del sujeto. La concepción lacaniana, en cambio, contradice radicalmente esta aserción, al inferir que es el yo racional es el elemento supeditado al inconsciente, y no lo contrario, dado que "el inconsciente está estructurado como un lenguaje". De esta célebre frase, en la que se condensa su teoría psicoanalítica, Lacan engendra una nueva apreciación del inconsciente, al que hasta el momento se lo pensaba como efecto del lenguaje, y no como ente *a priori* al yo que obedece a una lógica y gramática propias. El inconsciente, por lo tanto, no constituye una reserva de pulsiones salvajes sometidas por el yo, sino, el lugar desde donde expresa una verdad traumática. Esta tesis se justifica si tomamos en cuenta que en su itinerario, el yo tropieza con una realidad afanosamente soslayada por el sujeto con la cual debe aprender a vivir. Para Lacan este encuentro entre la naturaleza instintiva y el yo, es siempre un enfrentamiento traumático y doloroso; razón por la cual, el sujeto busca insistentemente su evasión.

Desde estas reflexiones, he intentado examinar el proceso mediante el cual se constituye la realidad y el modo en que esta teoría confronta al individuo en su más radical expresión de la existencia humana. Para ello, adopto la táctica proveniente del psicoanálisis que sugiere que el individuo debe confrontar los obstáculos e impasses instalados en su propio deseo. La verdad que tanto nos obstina, por lo tanto, se halla emplazada en la manera en que el sujeto aborda la realidad que evade y que persigue en el extremismo, en la búsqueda de utopías, en el fanatismo, y hasta en las formaciones patológicas, las mismas que tienen en común la búsqueda de una realidad esencial.

Las obras de este libro comparten su repudio por el psique complejo y contradictorio del individuo, quien juega con su identidad, no permitiendo la injerencia de dictámenes autoritarios, pero buscando a la vez, y de modo exasperado, anclajes en el mismo sistema simbólico que le den sentido a la falta de identidad. Esto explica el porqué de comportamientos contradictorios en la serie de novelas, donde el dominio del Otro y recurrente rebelión contra su dominación, se intuyeque el yo individual no busca la separación definitiva de su tiranía. Más bien, aspira a su liberación mediante el sometimiento a otro dominio. Los casos estudiados en esta serie de obras, guardan relación con esta tesis en el sentido que ilustran las posibles variantes empleadas por el sujeto, cuya liberación conlleva a otra instancia de subyugación. Ejemplos de esta búsqueda de nuevas reglas son evidentes no sólo en el acto de resistencia contra la autoridad, sino en el modo de superar los traumas del pasado. Las novelas *La guerra del fin del mundo* y *El paraíso en la otra esquina*, por ejemplo, ilustran la inestabilidad del sueño utópico, cuando en un principio parece abrir posibilidades a la creación de un mundo prístino, pero que al final colisiona con la duda de si realmente el ideal coincide con la obsesión de un lugar perfecto. En *La fiesta del chivo*, se puede apreciar la doble caída del ideal de justicia y retribución en el personaje de Urania, la hija traicionada por su propio padre, quien regresa para confrontarlo y desenmascarar al régimen al que su padre había sido servil. Con su denuncia ante la familia más cercana, no sólo no consigue arrancar el agobio y aplacar su anhelo de justicia ante ultraje de tal magnitud, sino que además, sufre de orfandad, carencia profunda que la hace añorar a su padre pese a todo el lastre que representa su recuerdo. El mito del padre primordial se hace presente en el deseo de Urania por erradicarlo, pero, en este intento, el padre regresa como una sombra a ocupar un espacio simbólico, en el que sigue ejerciendo su autoridad.

En términos más amplios; esto es, incursionando más allá del sujeto, cabe discurrir en el pueblo latinoamericano como un conjunto de pulsiones psíquicas que está siempre en busca del Otro Nuevo, otro que responda a su ideal de equilibrio de fuerzas humanas, políticas, y económicas que reemplacen los sectarismos y desbalances históricos, cuyos efectos han estado siempre plagados de decepciones, desengaños, e incluso de perversidades. Es por ello que el gran Otro, no implica literalmente un orden simbólico ortodoxo, sino, una forma de utopía, una encarnación de sueños e ideales acumulados. En otras palabras, la relación del sujeto con el gran Otro fracasa siempre porque eventualmente encuentra un vacío inherente en este orden simbólico. Se puede aventurar a decir, en síntesis, que el sujeto anhela el encuentro fortuito con una nueva versión del gran Otro como medida de estabilidad y protección.

El libro inicia con un análisis del amor y las dificultades surgidas como resultado de complejas relaciones interpersonales, y finaliza encarando sucesos más amplios, como los que se suscitan en el trayecto seguido por los personajes para alcanzar el mundo ideal. Por lo tanto, el sufrimiento inmediato, no se experimenta como una privación presente que debiera tolerarse en pos de la felicidad y la libertad de las generaciones futuras, sino, como una urgencia, sobre la cual dichos anhelos, ya han proyectado su sombra. En este plano, los personajes son anticipadamente libres mientras luchan por la libertad, son previamente felices mientras bregan por la felicidad, todo ello sin importar cuán difíciles se presenten las circunstancias.

Obras Citada

Volpi, Jorge. "El fin de la narrativa latinoamericana." *Revista de Crítica Literaria Latinoamericana*. 30:59 (2004). 33–42. Impreso.

LATIN AMERICA
Interdisciplinary Studies

Gladys M. Varona-Lacey
General Editor

Latin America: Interdisciplinary Studies serves as a forum for scholars in the field of Latin American Studies, as well as an educational resource for anyone interested in this region of the world. Themes and topics encompass social, political, historical, and economic issues, in addition to literature, music, art, and architecture.

For additional information about this series or for the submission of manuscripts, please contact:

Dr. Gladys M. Varona-Lacey
Ithaca College
Department of Modern Languages & Literatures
Ithaca, NY 14859

www.ingramcontent.com/pod-product-compliance
Ingram Content Group UK Ltd.
Pitfield, Milton Keynes, MK11 3LW, UK
UKHW021127041026
8980IPUK00025B/170

9 781433 140822